じわじわ稼ぐ名刺

やがて仕事につながる
ご縁が育つ

志賀内泰弘&岡田政広

プレジデント社

やがて仕事につながるご縁が育つ

じわじわ稼ぐ名刺

志賀内泰弘&岡田政広

まえがき

この本は、ビジネス書です。

たった1枚の名刺で、いつの間にか仕事が増え、売上をじわじわアップさせるためのノウハウを、人脈づくりが得意の志賀内泰弘と、これまで経営者や営業・販売員など1000人以上の人たちを成功に導く「稼ぐ名刺」をつくってきた岡田政広が、タッグを組んで書き上げました。

しかし、この本は単なる稼ぐだけを目的としたビジネス書ではありません。自己啓発書でもあり、人生を変えるための生き方読本でもあるのです。

「人生を変える」には、どうしたらいいのか？

それは、自分自身を変えることに尽きます。

人は、人との出逢いにより、人から多くのものを吸収して刺激を受け、気づきと学びを得ることで成長します。ご縁を大切にすることこそが、自分を内面からステップアップさせる入口なのです。人とのご縁を紡ぐとき、最初に手渡すのが「名刺」です。ご縁は1枚の「名刺」から始まります。にもかかわらず、なんと何気なくつくられた「名刺」の多いことか。

本書を一読後、間違いなくあなたの心のスイッチがパチンと音を立てて「オン！」になることでしょう。

また、本書では、「もう1枚！プライベート名刺をつくろう」とも提案しています。いや、これは提案ではありません。プライベート名刺は、デキるビジネスパーソンの必須アイテムであり、「ぜひ！」つくることをオススメします。それはなぜか？

名刺とは、あなた自身を「売り込む」ものです。「自分を売り込む」とは、「あなたの個性」をアピールすることに他なりません。

多くの中学・高校生は制服を着ています。それと同じように、会社勤めをしている人は、その社員の誰もが総務課などから支給された「同じ名刺」のみを使っています。言い換えれば、そのこと自体が金太郎アメであり、ボツ個性です。それでよいはずがありません。「物を売らずに人を売れ」という考え方は、セールスの基本です。お客様は単に物を買うのではありません。お店や会社から買うのでもありません。その商品を売っている「あなた」から買うのです。「あなたから買いたい」と言われる人になること。それが、ビジネスシーンで成功する人たちの共通点です。

もしあなたが、会社員なら、会社の組織の一員である前に、「あなた自身」の個性を育て
て、ブランド化することが大切です。そのブランド化を演出し、具現化してくれるのが
「プライベート名刺」なのです。
自分をブランド化をすると、人生が音を立てて変わります。もし、あなたが、サラリー
マンだとしたら……。それまで、会社にしがみついて生きていたものが、会社から「あな
たにいてほしい」と頼りにされる存在に変わります。もし、転職を考えているなら、「あな
たがほしい」と言われる「人財」になれるでしょう。

もし、あなたが、会社経営者なら、なおさら自分をブランド化することは欠かせません。
社長は、歩く広告塔です。
名刺は顔です。
そのために、名刺1枚に自分自身を表現すべきです。そのため、本書では、ときに「目
立つ」、あるいは「派手な」名刺の具体例を掲げています。相手にインパクトを与えて、
「あなたのことがもっと知りたい」と興味を抱かせるためです。しかし、それがただの「遊
び心」に執心し、「ユニークな方ですね」と言われて終わってしまっては意味がありません。

まずは、あなたの会社の本業の「強み」をブレずにしっかりと磨きをかけること。そして、「名刺」という道具で、相手の心をグイッと掴んだら本業の舞台へと引き込む。しかし、ここで大事なことは、その後、すぐに「稼ごう」「儲けよう」と考えないことです。本書に登場するユニークな名刺の持ち主のみなさんは、一攫千金を狙って成功した人たちではありません。1枚の名刺から始まるご縁を大切に育てた結果として、成功した人たちです。

「急がば回れ」

経営に近道はありません。コツコツでしか頂上へはいけないことは誰もが知っています。しかし、なかなか人間、我慢ができません。すぐに結果を求めたがります。ネットの時代に「名刺」1枚で大儲けできるわけがないじゃないかと思っている方が圧倒的に多いのではないでしょうか。

けれども、そんなたった1枚の「名刺」だとバカにせず、細部にとことんこだわり、つくり込んだ会社こそが、実は商売繁盛しているのです。

本業のビジネスのすべてに手を抜かない経営をしている会社は、「名刺」1枚といえども決しておろそかにはしません。そうです！「名刺」1枚を見せることで、会社の一生懸命さ、真摯さが相手に瞬時に伝わるのです。

さてさて、お読みいただく前にもう1つ。

この本のテーマは書名にもなっていますが、「じわじわ稼ぐ名刺」のつくり方とその活用の仕方です。

稼ぐ名刺づくりに必要なノウハウを知れば、誰でもすぐにこの名刺をつくることができます。しかし、最初から完璧な名刺ができるとは限りません。小さな仮説を立てて、繰り返し検証する中で、みなさんにとっての「じわじわ稼ぐ名刺」が生まれます。

しかし、稼ぐ名刺をつくっただけでは、「じわじわ稼ぐ」ことはできません。もう1つ必要なことがあります。それは、名刺を通して学ぶ前向きな生き方です。その生き方にもとづいたビジネスへの姿勢です。

この2つを、時間を味方にしながら、一歩一歩極めていくことで、「じわじわと稼ぐ」ことができるようになります。

たかが、「名刺」、されど「名刺」なのです。

「名刺」1枚をきっかけに人生を変えましょう。今日この瞬間からみなさんの「生き方」が変わることを願ってやみません。

志賀内泰弘

目次

第2章 「名刺弱者」は自分の「強み」を盛り込む

（志賀内泰弘）

第3章 「名刺弱者」だからこそ、「こだわり名刺」を持つ！（岡田政広）

第4章 「じわじわ稼ぐ名刺」とは、ズバリこんな名刺（岡田政広）

第5章 目立つ！「名古屋名刺」をマネよう（志賀内泰弘）

序章

名刺はいかに大切か
――「じわじわ稼ぐ」ために本書で伝えたいこと

志賀内泰弘

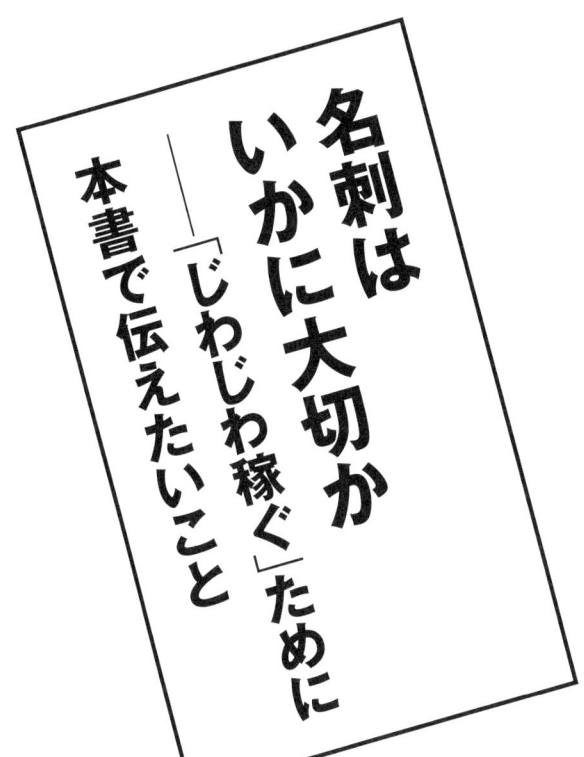

「名刺1枚で、本当に儲かるのか?」

本書がまだ世に出る前、まだ企画段階の話だ。

ある経営者団体の講演に招かれた際に、最後の質問コーナーで、「次はどんな本を書く予定ですか」と若い経営者に訊かれた。「今、『じわじわ稼ぐ名刺』というタイトルの本の企画がすすんでいます」と答えると、こんなことを言われてしまった。

「魅力的なタイトルですね。名刺1枚で稼げたら、そんな嬉しいことはないですね。でも、それって誇大広告ではないですか。名刺にこだわる人は多いけれど、名刺1枚でそんなに売上に関係するとは思えません」

言われたとおり、「稼ぐ」というのは読者の気を引くために付けた言葉である。いわばキャッチコピーのようなもの。しかし、それはけっして誇大ではない。いや、必ずとは言わないまでも、名刺は売上に十分結びつくと確信している。

しかし、その若い経営者は名刺よりも、他に興味のベクトルが向いていて、こんな反論をしてきた。

「名刺のようなアナログ的なものに手間をかけるよりも、フェイスブックの活用法でも研究したほうがずっと稼げると思うのですが、いかがですか」

いやはや、まるで挑戦状を叩きつけるような質問には参ってしまった。若い経営者の年代ならば、間違いなく物心ついた頃からパソコンや携帯電話が身の周りにあった。筆者よりもずっとインターネットには詳しいだろう。そこで会場の雰囲気が悪くなるのを懸念した司会者が、「次の懇親会の時間もありますので……」とその若い経営者とのやり取りを打ち切り、講演会を終了してくれた。

ところがである。懇親会が始まると、先ほどの若い経営者が1番にやってきて、再び「フェイスブックの有用性について語り出した。

「フェイスブックで友達があっという間に3000人になりました。今まで、人と知り合うのにものすごく時間をかけていたのがバカバカしくなるほどです」

その話を聴いているうちに、名刺交換の長い列ができてしまったので、

「ごめんなさい。後ろにもいらっしゃるので、またの機会に」とやんわり言うと、またまたこんな質問をぶつけられてしまったのである。

「名刺で稼げるということでしたら、名刺1枚でこんなに大儲けしたという会社の例を教えてください」

さすがに、これには言葉に詰まった。若さというのは恐れがなく素晴らしい。直球の質問に、一瞬たじろいだがこう答えた。

「わかりました。本が出たら読んでください。そこにいくつか紹介しておきます」

ということで、本書では実際に「名刺にこだわる」ことで繁盛につながったという事例をいくつか紹介したい。あの若者も手に取って読んでくれていることを願っている。

最初の一歩なくして、山の頂上にはたどり着けない

「名刺にこだわって繁盛した会社がある」

そう言うと、誰でも耳を傾けたくなるに違いない。「そんな会社があるなら、自分もすぐに真似してみよう」と思うだろう。しかし、その発想はたいへん危ういものだ。なぜなら、世の中には「すぐに儲かるもの」は存在しないからだ。

いや、一時的に儲かるものはある。たまたま儲かることもある。だが、その繁盛を長きにわたって継続することは難しい。怪しいヘッジファンドやマルチ商法ビジネスに手を出して痛い目に遭うのが関の山である。

「やっぱり、『じわじわ稼ぐ名刺』というタイトルは誇大広告ではないか」

そんな声が聞こえてきそうだが、間違ってはいない。それはどういうことか。

多くのビジネスパーソンは、足を棒にして営業する。飛び込み営業をする人もいれば、友人・知人の紹介で人を訪ねる場合もあるだろう。経営者団体に属して、その会員人脈を営業に活かそうという人もいる。

そこには、必ず初対面の儀式がある。それが名刺交換だ。『人は見た目が9割』（竹内一郎著・新潮新書）という本がベストセラーになったことがある。言うまでもなく、ビジネスにおける見た目の重要な要素が、「名刺」なのである。

ファーストコンタクトで、名刺交換をする。1分、いや30秒も会話できない場合もあろう。名刺1枚でも相手の心をいかに瞬間的に鷲掴みにできるかが勝負だ。

「こいつは、おもしろそうなヤツだなあ」

「これは、私の仕事とリンクするかもしれない」

そんなふうに思われなければ、次がない。セカンドコンタクトはありえないのである。

「名刺にこだわって繁盛した会社がある」

私は冒頭でそう述べた。遡って考えてみよう。

繁盛したということは、売上がアップしたということである。売上がアップしたということは、たくさんの取引先が買ってくれたということ。では、その取引先とは、どこで知り合ったのだろう。どんな小さなビジネスにも、ファーストコンタクトがある。それをなくして、一足飛びに繁盛には結びつかない。

どんなに繁盛している会社にも、それぞれの取引先との初対面がある。最初の一歩なくして、山の頂上にはたどり着けない。誰もがそのことをわかっているはずなのに、ファーストコンタクトのときに手渡す名刺にこだわりが少ないことが残念でならない。

「たかが、名刺。されど、名刺」。名刺を「小さなこと」だとバカにしてはいけない。この名刺1枚の交換をきっかけにして、どうしたらビッグビジネスに結びつけることができるだろうか。名刺の色は？ 紙質は？ 文字の大きさは？

そんなささいなことに、どれだけこだわられるか否かに、成功への道のスタートラインはある。そして、スタートラインを1度間違えると、多くの場合2度とチャンスは巡って来ない。なぜなら、みんな忙しい。そんな中で、初対面で相手の好印象を得られなかった人間が、今1度会ってもらおうとしてもアポを取るのは難しいからである。

成功している人の名刺を観察してみよう。成功している人がみな、こだわった名刺を使っているとは限らない。しかし、成功の秘訣の1つが、「名刺」であることは往々にしてある。

さらにもう1つ。前項の若い経営者のことである。

たしかにフェイスブックの有用性は大いに認める。熱心に使ってはいないが、筆者も登録しており「友達」の「友達」の輪が猛スピードで広がった。しかし、忘れてはならないことがある。どんなにネット上の「友達」が増えたとしても、それはバーチャルの世界のことに過ぎない。お互いにアポを取り合い、リアルな場面で会うときがくる。

そのとき、必ず「名刺」交換をする。それが本当の意味でのファーストコンタクトであって、フェイスブックはそれを生み出す「きっかけ」に過ぎないということを。

「名刺」についての「大きな勘違い」を正す

多くの人は「名刺」に関して間違いを犯してきた。その例は、今まで発刊された名刺に関するビジネス本を紐解いたり、ビジネス誌の「名刺特集」を読むと明らかだ。それらは、「いかに、仕事に役立つ名刺をつくるか」という点だけに光を当てている。

そのために、目立つためのユニークな名刺の事例が並んでいたりする。たしかに、ファーストコンタクトで、相手に印象深く覚えてもらえるためには、インパクトのある名刺をつくることは欠かせない。もちろん、本書でもその点は重要なポイントになる。しかし、肝心なことが抜けている。それは、名刺の活用の仕方である。

多くの人は、名刺をもらうと名刺ホルダーにしまう。最近では、パソコンやケータイで読み取ってデータ化する人もいるだろう。問題はそこからなのだ。名刺ホルダーに名刺をしまったきりで、活用しきれていない人がどれほど多いことか。

ある異業種交流会で、講演したときのこと。タイトルは、「誰にでもカンタンにできる人脈開拓術」。人脈をつくる方法の１つとして、名刺ホルダーにしまった名刺を活かすことを説いた。それに先立ち、受講者に尋ねてみて驚いたことがある。ほとんどの人が、一旦名刺ホルダーに名刺を入れると、見返すことがないというのだ。

せいぜい、１年に数回、必要に迫られて、「たしか、印刷関係の人に去年の今頃会ったよなぁ」と思い出し、慌てて探すくらい。信じられないが、名刺を名刺ケースに入れたり、輪ゴムで綴じて引き出しに保管しているという論外な人もいた。

そこに集まっていたのは、自己啓発に熱心な人たちである。上昇志向も強い。１年間に

100冊以上の本を読み、1000人の人に会うという勉強家である。それなのに、せっかく名刺を交わして得たご縁を活用するどころか、名刺ホルダーの中で眠らせてしまっているのだ。

どうしてそんなことになってしまっているのだろうか。

それは、前しか向いていないことに問題がある。気持ちが前向きすぎて、次から次へと新しい出逢いばかりを求めてしまう。自分にプラスになる人はいないか。仕事に結びつく人はいないか。あわよくばストレートに儲けにつながる人はいないかと。

そのため、後ろ……、つまり今までご縁のあった人たち（名刺ホルダーの中の人）に意識が向いていないのだ。

東大進学率の高さで有名な、中高一貫教育私立学校の校長先生を取材したときの話。

「勉強ができる人」と「勉強の苦手な人」の違いは、どこにあるのか。

答えは明解。「予習と復習」をきちんとすることだという。

学校の授業の前に、必ず「予習」をする。わからない点が出てくる。授業とは、そのわからなかった点を確認し、先生に質問する場なのだという。そして、家に帰ると必ず「復習」。その日、疑問が解けたことを頭に叩き込む。それは、テストも同じだという。テストのための勉強をする。なかなか満点は取れない。それでもかまわない。問題は、テストが終わった後で、できなかったところをいかに「復習」するかだというのである。

さて、これをビジネスに置き換えてみよう。

人に会う前日、その人の会社やその人自身のデータを調べる。今どき、ホームページを持っていない企業は珍しいし、個人でも何らかのSNSに登録しているはずだ。それが、勉強でいうところの「予習」である。

しかし、「復習」する人は概して少ない。ビジネスにおける「復習」とは、1度出逢った人と2度、3度とコンタクトを取り、パイプを太くするということだ。

「いかに出逢うか」それも大切だが、それよりももっと重要なこと。

「いかに、出逢った人とのご縁を大きく育てるか」である。その秘訣が、名刺ホルダーの活用にある。その点も本書の後半で詳しく説明している。おそらく、既存の「名刺についての本」には見られない初めての試みだろう。

第1章

名刺の達人6名に学ぶ「じわじわ稼ぐ名刺」の法則

志賀内泰弘

常識を覆す「黒い名刺」で大繁盛！【名刺の達人に学ぶ①】

おそらく、歴史、内容の充実さ、ともに日本一と思われる異業種交流会がある。ＶＡＶ倶楽部だ。その会を主宰するのが、近藤昌平さん。会の創設は１９８０年1月。帝国ホテルや目黒雅叙園などを会場に、一流どころの講師を招いての講演会とパーティが開催される。

その講師陣というのがスゴイ！

最近では、森ビル株式会社特別顧問の渡邊五郎氏、日本財団会長の笹川陽平氏、日本マクドナルドホールディングスＣＥＯの原田泳幸氏、オリックスグループＣＥＯ・会長の宮内義彦氏、コクヨ株式会社社長の黒田章裕氏、キッコーマン株式会社取締役名誉会長・取締役会議長の茂木友三郎氏……。その他、俳優の石田純一氏や作詞家の湯川れい子氏、洋画家の田村能里子氏など多岐にわたる各界のトップランナーだ。

驚くべきことは、これらの日本を代表する一流どころの面々が、「近藤さんの会なら」と手弁当で駆けつけてスピーチされるところにある。つまり、見返りを期待せずに引き受けてくださるわけだ。

この会は当然、経団連や大手新聞社が主催するフォーラムではない。一個人が主催する勉強会に、なぜ、これほどの人たちが講師を買って出るのだろうか。

ここに、1枚の名刺をめぐるドラマがある。

現在、近藤さんは、株式会社銀座・トマトという化粧品・食品販売会社会長を務めている。テレビショッピングなどでダントツの売上を誇るふかひれコラーゲンが主力商品だ。

それ以前、近藤さんは愛知県一宮市に本社を置く洋菓子メーカーを営んでいた。今から30年以上も前のことだ。その当時、この洋菓子メーカーの全国展開を試みた。しかし、東海地方では知られていたものの、東京でのブランド力も知名度もない。

そこで、六本木にマンションの部屋を借りる。

おりしもバブルの坂道を登っていた日本経済。夜の街には若者たちがあふれていた。そんな「夜の街」をイメージしたのが、「黒」という色だった。近藤さんは、身につけるすべてのものを「黒」に統一した。カバン、スーツ、ネクタイ、ハンカチーフ。それだけではない。なんと、商品のケーキまでも黒い包装紙で包んだのだ。

そして、近藤さんは営業に回った。「黒い名刺」を手にして……。

最初は、その出で立ちからキャバレーやバーの経営者と間違えられたりしたという。それどころか、その筋の人かと思われたりしたことも。

それだけならまだいい。「黒なんて縁起が悪い」「まるでお葬式みたいだ」と、縁起を担ぐビジネスマンから敬遠されたりもしたという。

ところが、である。これを励まして救ってくれたのが、宮内庁の入江相政侍従長だった。

「近藤さん、黒はいい色ですよ。宮中ではあちこちに黒を使っています。黒は古来、高貴で魔除けの色ですから結構ですね」

その一言で力がみなぎってきた近藤さんは、よりいっそうセールスに勤しんだ。すると、黒の持つパワーが徐々に現れてきた。最初は、真っ黒な名刺を手渡すと、「え!?」と顔を強ばらせて引いていた人たちが、「ほほう、黒い名刺ですか？　珍しいですね」とおっしゃってくださる。そこですかさず、入江侍従長から教えてもらった宮中での話をする。

そんなことを続けているうちに、「黒い名刺」「黒い包装紙」のケーキは無店舗販売なが

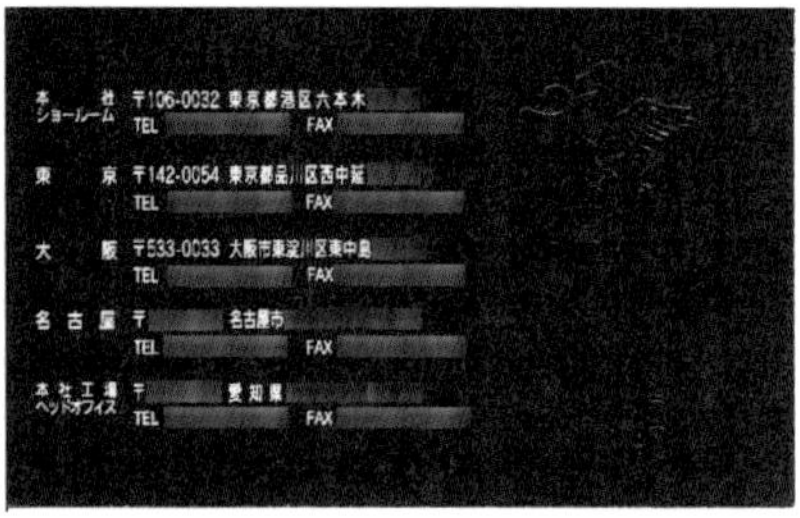

黒い名刺に金色の文字で名前が書かれている。高貴な印象が一層引き立つ。パイオニア精神が詰まった名刺だ

ら六本木界隈で評判になっていった。

そして、ある雑誌で対談の話が持ち込まれる。対談の相手は、当時、ＩＢＭ常務だった今井富夫氏。それが好評で連載になる。第2回は評論家の竹村健一氏、そして第3回が、田原総一朗氏。次々と、経済界やマスコミでの知名度が上がり、売上はうなぎ登りになった。

ここで、話を名刺に戻そう。当時を振り返って、近藤さんは言う。

「広告費は1円も使いませんでした。でも、誰も使っていなかった黒の名刺が宣伝になったのです。先輩経営者からは、『それは止めなさい』と、きつく言われたこともあります。しかし、私は自分の考えを貫きました」

さて、どのくらいケーキを売ったのか、それを知るのに、こんなエピソードが残っている。バブルが弾けて、世の中が不景気の真っただ中になってしまったときのことだ。

近藤さんは、またまた「黒い商品」と「黒い名刺」を手にして営業に回った。その新商品の名は、「景気快福ケーキ」。赤坂の日枝神社で、「一家の繁栄」と「商売繁盛」をご祈祷したお神酒を染み込ませてつくったというスポンジケーキである。

「回復」を「快福」に、「景気」を「ケーキ」に引っ掛けた「遊び心」が人の心を掴んだ。値段は、1本1000円。最盛期には、年に20万から30万本も売れたという。もう1度念のために記すと、無店舗販売で、である。

実は、もう1つ姉妹品がある。「黒字体質ケーキ」だ。筆者も、このケーキを何度も食べたことがあるが、最初はびっくりした。フタを開けると、ケーキ自体が真っ黒なのだ。今でこそ、イカ墨などで色づけしたさまざまな食品が出回っているが、当時は斬新なアイデアだった。

こちらも1000円で、企業が「せめて気持ちだけでもパア〜と明るく」という願いを込めて、2本セットの贈答用が飛ぶように売れた。ある家電メーカーさんからは、「新年の挨拶用に」と注文が舞い込んだ。その数、10万8000本。なんと、正月の1日で1億8000万円の売上になった。

こうして、近藤さんは、ただ商品を売るだけでなく、企業のトップの心を掴んだ。何か困ったことがあると、「近藤さんに相談しよう」「何かいいアイデアを教えてよ」と相談が引きも切らず。もちろん、近藤さんは見返りなど期待せずに何でも応ずる。そのうちに、近藤さんのファンが増えて、財界、政界、芸能界など幅広いジャンルに知己ができた。

それは、すべて、「たった1枚」の名刺からだった。

「そんな大袈裟な」と反論する人もいるかもしれない。しかし、あえて言おう。世の中の誰もが縁起が悪いと思っていた「黒い名刺」をアイデアと勇気を持って使用し、大きなビジネスと人脈づくりにつなげたのだ。

「こうしたい」と思ったり、口にするのは簡単。後になって「誰でもできる」「私だって」というのは容易いが、パイオニアになるのはその時代のただ1人なのだ。

まさしく、「たかが、名刺。されど、名刺」と思わせる人物である。

1枚の名刺で、ヒノキの家を売る　【名刺の達人に学ぶ②】

島崎藤村が「木曽路はすべて山の中」と綴った中山道の妻籠宿に、南木曽木材産業株式会社という会社がある。ヒノキの山林を持ち、木材の販売を営む会社だ。

それだけではない、グループに建設会社を有し、住宅や神社仏閣、幼稚園の建設も手がける。木のお皿やスプーンなどの家庭雑貨を製造販売する会社もある。その昔、日本の商社は、「ラーメンからロケットまで」と言われたが、まさしくこの会社は、「爪楊枝1本から家1軒まで」というヒノキの総合メーカーだ。

この会社の社長を務めるのが、柴原薫さんである。今でも、最初にお目にかかったときのことが忘れられない。異業種交流会で名刺を交わした。

「え！」

その受け取った名刺は、なんと「木」でできていたのだ。指先に何やら温かな感触が伝わってきた。その後、あえて確かめるべく尋ねた。

「これって本物の木ですよね」

「はい、木曽ヒノキでつくった名刺です」

と、笑顔で答えられた。ヒノキと聞いて、つい鼻に近づけて「クンクン」と匂いを嗅いでしまった。ふわっと、鼻孔をくすぐる木の香りがした。

冒頭で説明したような会社概要を聞くまでもなく、この名刺1枚でヒノキの専門業者に違いないと思った(実際には、扱う材木は多岐にわたる)。

思い起こすと、私はすでにその瞬間、彼の術中にはまっていたのである。しかし、このときはまだ、そのことに気づいてはいない。そして、翌々日のこと。自

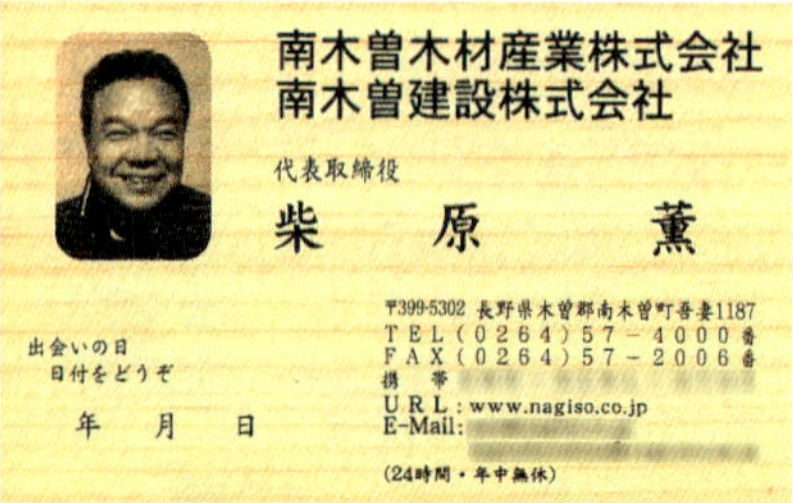

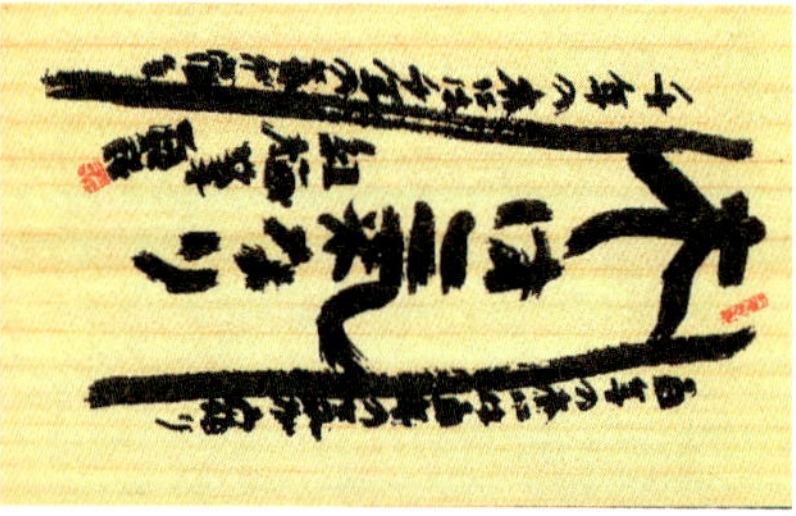

裏面にある「念ずれば花ひらく」で有名な詩人・坂村真民氏の「木は氣なり」の一筆が一層趣を醸し出している

宅に、1通のハガキが届いた。先の柴原さんからである。郵便受けから取り出した瞬間、差出人を見る前に、それが柴原さんからのものであることがわかってしまった。それはなぜか……。

そう、ヒノキでつくられたポストカードだったからだ。聞けば、木を薄くスライスして圧縮する。そして和紙もしくは不織布を真ん中にはさみ、2枚を貼り合わせて強度を高める。それにより、少しくらいグニャと折り曲げても割れなくなるそうだ。そのヒノキのハガキに、インクが少しにじんだ文字が綴られていた。そのにじみ具合が、このデジタルの時代になんともホンワカと心に沁みた。

さてさて、話は続く。ここからが本題だ。

それから3日後のこと。重たい小包が届いた。開けてびっくり玉手箱。箱の中から「ヒノキのまな板」が出てきた。慌てて電話をしてお礼を言う。「これはずいぶん高いものではないのですか?」と恐縮して尋ねた。これも後に判明したことだが、デパートでは5000円で販売しているものだった。

この一連の出来事がきっかけで、いったいどんな人物なのかと強く魅かれ、「ぜひもう1度お目にかかりたい」と口にしていた。そして再会。こんな話を聴くことになった。ヒノキを使ってもらうことで、ヒノキの良さを理解してもらい、その活用方法を一緒に考えてもらおう、という作戦（本人いわく、下心）だという。

柴原さんは、先代から会社を継いだので、自分の人生は楽なものだと思っていた。ところが、木材需要の落ち込みと、安い輸入木材が入ってきたことで危機感を覚えた。間伐のコストが問題になる。そこで、間伐材の利用を広げるために、さまざまな市場開発を試みた。まな板もその1つだ。

私の知らない世界の話に耳を傾けた。間伐しないと、山は荒れ林業は立ち行かなくなる。保水が損なわれ、川が氾濫する。土砂が川に流れ、海のプランクトンに影響を与え漁場も荒れる。魚は山にいるのである。

……でも採算割れで、間伐ができない。ヒノキを間伐して市場に出すだけで人件費が嵩んでしまい、1本20万円の赤字になるとのことだ。だから、山林の持ち主は、損してまで間伐しようとしない。日本の山が荒れ放題になるのを食いとめたい。日本の自然を守りたい。そう熱く語る柴原さんのファンになり、さらに「木」について、日本の山林業について興味を持つようになった。

ここで、振り返ってみよう。

1枚のヒノキの名刺で、ファーストコンタクト。その後、やはりヒノキでつくられたハガキが届く。これがセカンドコンタクト。ヒノキ製であることから、「あのときの私です！」という記憶が残っている。そして3回目のコンタクトが、ヒノキのまな板。ヒノキ尽くしの一連の流れにより、「どんな仕事をしているのだろう？」と、こちらから説明を聞きたくなってしまうのだ。

それもすべて、「たった1枚」のヒノキの名刺から始まっている。もし、普通の白い紙に会社名だけが書かれた名刺であったなら、もう1度会って話を聴いてはいなかったに違いない。

これが、「家を建てたいと思っている人」「木製品を扱っている会社の人」「木に興味がある人」の心を捕え、ビジネスへとつながっていくのである。

南木曽木材産業株式会社は、こうした人と人とのご縁を丁寧に紡ぎ、大きな仕事の受注を請けている。明治神宮の鳥居や、伊勢の皇學館大学内にある神社の社殿、円覚寺の塔頭など……。もちろん、一般住宅の建設も請け負っている。

いかがだろうか。まさしく、「たかが、名刺。されど、名刺」を実践するお手本のような事例だ。

鉄鋼メーカーは金属製の名刺、ゴムメーカーはゴム製の名刺。お菓子屋さんなら食べられるお菓子の名刺を使ってもいいはず。さらに、自動車販売店なら車の形の名刺。飲食店なら、カレーやフルーツの匂いのする名刺……などなど。ファーストコンタクトで相手の心を掴むためのアイデアならいくらでもあるはずだ。

名刺1枚の先に、大きな商談が眠っている。そこにつなげられるかは、一期一会の出逢いを大切にできるかにかかっている。

「こだわり」の生き方が現れるバリエーション名刺 【名刺の達人に学ぶ③】

B－1グランプリが人気だ。B級グルメを話題にして地方の町おこしに一役買っている。そんな中、「名古屋めし」は、ちょっと異色の個性で人気を集めている。「ひつまぶし」「味噌煮込みうどん」「味噌カツ」「あんかけスパゲッティ」「小倉トースト」「天むす」「どて煮」「台湾ラーメン」などのメニューがずらりと並ぶ。

ビジネスとして大成功を収めているのが「手羽先」で有名な「世界の山ちゃん」である。

現在、名古屋を中心に東京、京都、大阪、札幌、熊本と75店舗（平成25年3月現在）を展開している。東海地区では、その名前を知らない者はいない。もし、あなたが、栄地区の交差点に立ったなら「何かの間違いではないか？」と驚くことだろう。くるっと周りを見渡すと、2軒、3軒と「世界の山ちゃん」の看板が目に飛び込んでくるだろう。それは看板だけではなく、本当に近距離に多店舗のお店が営業しているのだ。

その「世界の山ちゃん」を創業した株式会社エスワイフード代表取締役会長・山本重雄さんは、大の「名刺こだわり人間」だ。

自身のことを「変人」と言ってはばからない。第一、「世界の山ちゃん」という屋号のネーミングからして普通ではない。人と同じでありたくない。変わったことをやりたい。そんな生き方が現れている山本代表の数々の名刺を紹介しよう。

まず1枚目。スタンダードな「似顔絵キャラクター」の名刺から。

これは、6店舗目をオープンした頃に、福岡の似顔絵師・上村禎彦氏に依頼してつくったもの。ここに大きな特徴がある。見てのとおり、山本代表の身体がニワトリになっている。そして、「幻の手羽先」と書かれた幟を手にしている。

名刺をパッと見て目に飛び込んでくるのが似顔絵キャラクター。親しみを覚えるとともにインパクトは絶大だ

自分の写真や似顔絵を名刺に載せている人は多いが、どれもが顔だけか、真面目なスーツ姿だ。山本代表は自社の商品であるニワトリと自分をキャラクターにすることで、そのイラストを見た人は強烈なインパクトを受ける。

最初は名刺に入れていたこのキャラクターは、今では各店舗の壁の巨大な看板にも描かれている。

2枚目。

ある日、山本代表と会うなり、「新しい名刺をつくったんで」と、ポケットからカードを差し出された。それはトランプ。広げて絵柄の数字を見せられた。「え?」と、こちらが戸惑っていると、

「好きなカードを取ってください」

と、おっしゃる。「ああそうか!手品か」と、合点がいき1枚取る。なんと、カードが名刺に変身していた。

まさにマジックなのだ。

トランプのカードに見立てた名刺。ここまでこだわると初対面の人にも覚えてもらえる

「初対面の人にこれをやると、たいていビックリしてくれます。間違いなく私のことを覚えてくれますね」

実は、山本代表自身がマジシャンなのだ。そして、スタッフにもマジシャンがいて、お店でお客様にイベントとして披露している。

3枚目。

これは、葬礼などの改まった席で渡す名刺だそうだ。山ちゃんのキャラクター名刺からは想像もつかないスタンダードな名刺である。「名刺にこだわる」とは、目立てばいいというのではなく、TPOがいかに大切かということを物語る1枚である。

4枚目。

何の変哲もない名刺に見える。しかし、よくご覧い

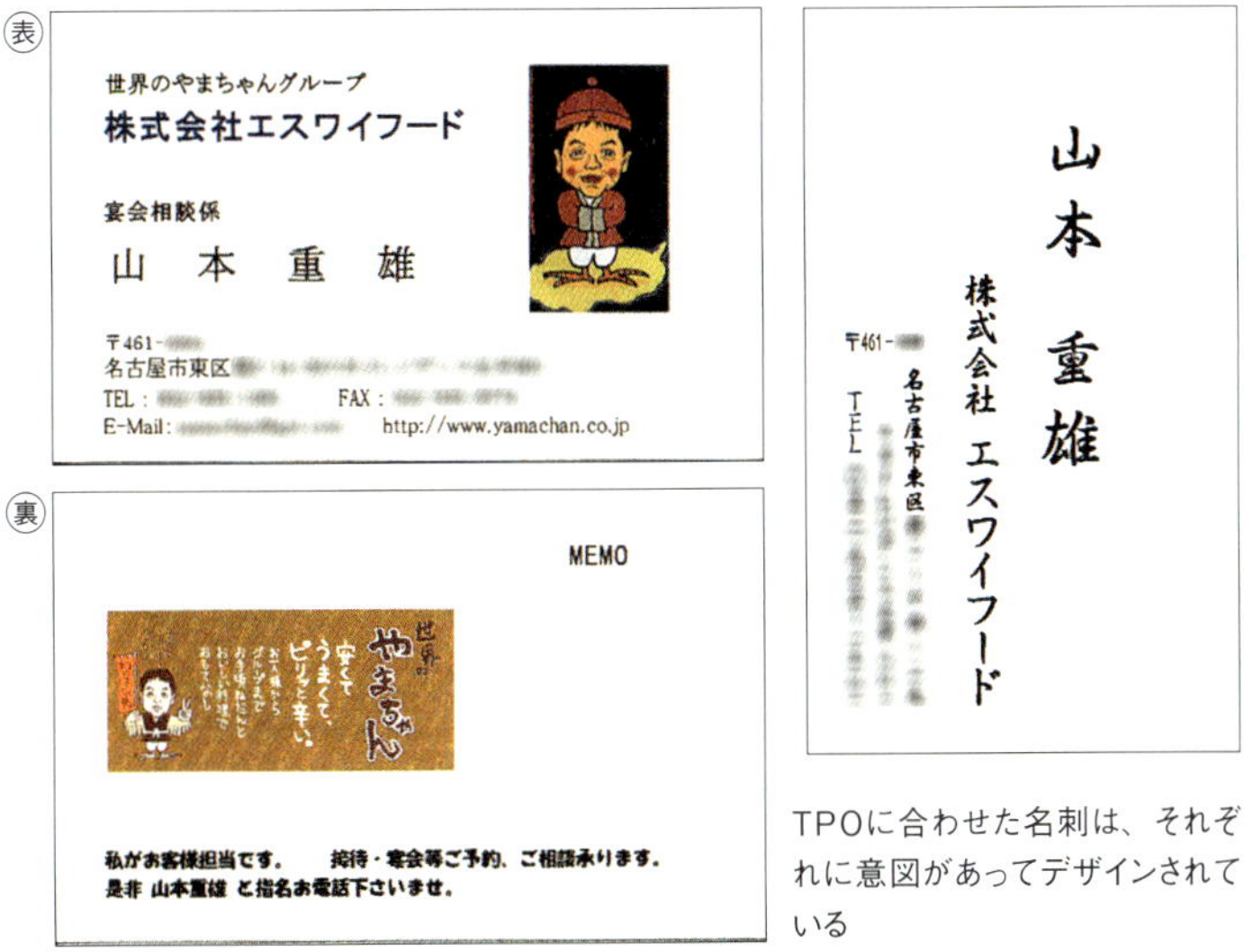

TPOに合わせた名刺は、それぞれに意図があってデザインされている

ただきたい。山本代表の肩書きを。

「宴会相談係」とある。社長でありながら、会う人にこの名刺を渡していたことがあるという。裏には、こんなフレーズが記されている。

「私がお客様担当です。接待・宴会等ご予約、ご相談承ります。是非、山本重雄と指名お電話下さいませ」

地元では誰もが知る「世界の山ちゃん」だ。こんな名刺をもらって感激されるという。


5枚目。

感激されるといえば、こんな名刺もつくっているという。表は名前だけ（プラスQRコード）。裏面は山ちゃんのキャラクター。ただ、それだけだ。会社名も住所も、電話番号もない。

これは、店内でお客様に渡す名刺だそうだ。名古屋では「山ちゃん」は有名人だ。山本代表の姿を見て、「あっ！山ちゃんだ!!」と言うお客様もいる。そんなとき、近づいて行って、

表

裏

とにかくシンプルな山ちゃんの名刺。もらったお客様は大喜びだという

サッとコレを渡す。これ1枚で、ますますファンになってくれるという。

まだまだある、こんな名刺。

● 「一期一会」「目標年商百億」と書かれた名刺

● 手羽先の形をした名刺

● 「立派な変人たれ！～明るく　元気に　ちょっと変～」と書かれた名刺

山本代表には、名刺についての持論がある。「名刺は何回も会う人に、何回渡してもいい」というのだ。なかなか1度で覚えてもらえるものではない。いや、相手は覚えていないと考えたほうがいい。だから、覚えてもらうために何度でも名刺を渡す。

仮に「以前、いただきましたから……」と言われても、「い

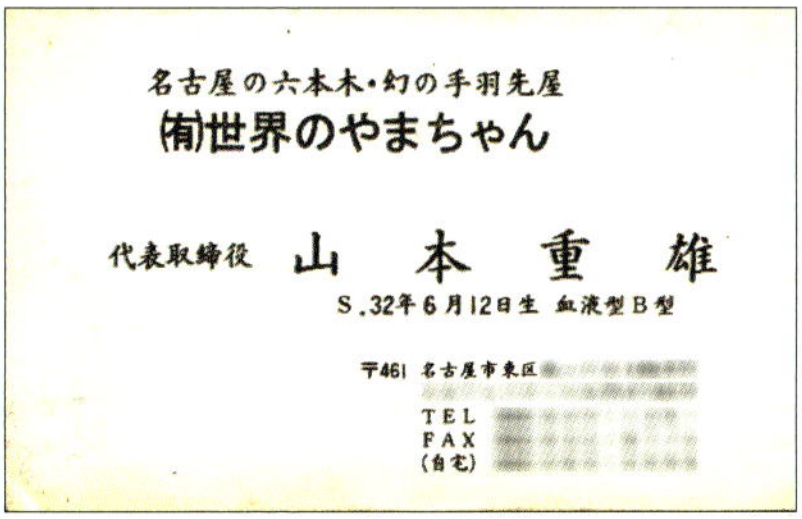

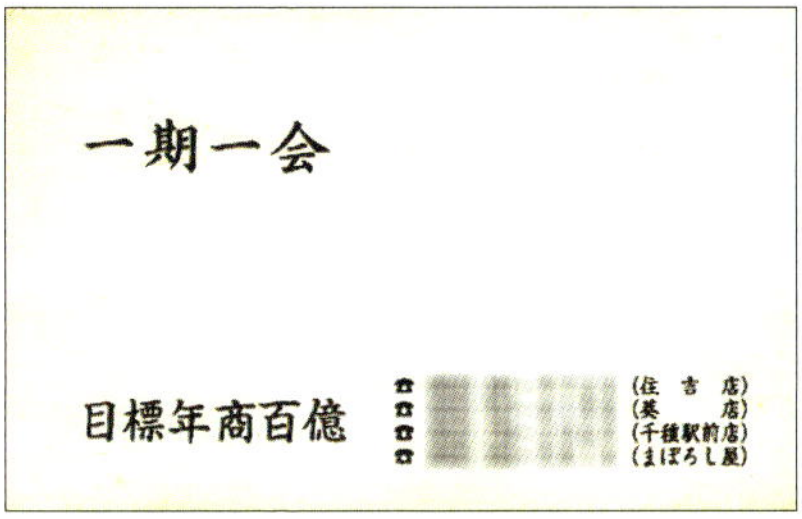

「名刺は何回でも同じ人に渡す」という山本代表。そのために、日々新しい名刺をつくっては渡しているそうだ

えいえ、こんな新しい名刺をつくりましたから」と、言って渡す。そのために、いつもユニークでインパクトのある名刺を考えている。

「営業の仕事をする人は、自分を覚えてもらうために真似したほうがいいですよ」とおっしゃった。これだけのバリエーションがある山本代表の名刺。会うたびに「今度はどんな名刺かな？」と楽しみになってもらえる名刺を考えてみてはいかがだろう。

異色の公務員のユニークな名刺が町を変える【名刺の達人に学ぶ④】

「公務員気質」とか「役人根性」という言葉がある。意味するところは、保守的で閉鎖的であること。ただ真面目で言われたことだけコツコツとこなす。でも、自分から先頭になって新しい企画を口にしたりはしない。午前9時に登庁して、きっかり午後5時に退庁。悪口を言うようでたいへん申し訳ないが、これが一般的な公務員に対するイメージではないだろうか。

平成18年12月17日。友人から「面白い人がいる」と紹介された。地元の役場の人だという。受け取った名刺を見て、「あっ、この人、間違えた！」と思った。その名刺がコレだ。

間違って免許証を取り出してしまったのだと思った。しかし、それが「名刺」だったことに気づくのに、数秒を要していた。

あまりにもよくできている。検問でお巡りさんに見せても、見間違えるかもしれない。これが、一般企業のサラリーマンではなく、公務員のものであることが衝撃だったのだ。

人はどういうときに感動するのだろうか。それは、心の落差である。期待を大きくいい方向へ裏切られたとき、その落差が大きければ大きいほど感動の度合いも大きくなる。

この名刺が、一般企業のサラリーマンのものであっても十分にユニークだと感じるだろう。しかし、相手は頭の固い（あくまでも先入観）公務員だ。自分では、発想が柔らかいと自負していただけに、まさしく「ヤラレタ！」と思った。

もちろん、ここで紹介する人物ゆえに只者ではない。

大目富美雄さんは１９５６年生まれ。長野県の地元の高校を卒業して、地元の開田村役場に就職した。会計室、住民課、開発室、総務課などを歴任。その後、町村合併により、木曽町役場本庁へ異動となる。保健福祉課、企画

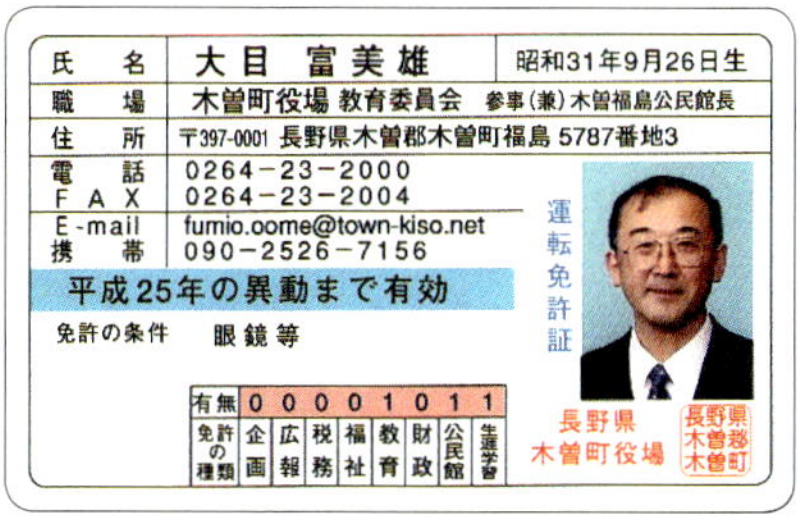

名刺交換したとき、本当に免許証と間違えて差し出されたのだと、つい思い込んでしまった

調整課を経て、現在は教育委員会で公民館の館長を務めている。

これは、肩書きだけの経歴に過ぎない。観光や産業、教育など、さまざまな角度から地域の活性化をすすめるリーダーなのだ。たとえば……。

事務局長を務めている、地域づくり団体「開田森林のクラブ」では、「こども写真コンテスト」を毎年開催。地元の小中学生から木曽の風景写真を募っている。入選作品の展覧会を開く他、ポストカードも制作。観光客にも好評だ。

開田高原倶楽部事務局長としても、Ｉターン者の聞き取り調査を実施。それを元にして、少子化に歯止めを打つべく、村おこしを行う。２００５年には、大学を飛び越えて信州大学大学院の経済・社会政策科学研究科へ入学。修士論文のテーマは「Ｉターン者と地域活性化」だった。

過疎地の産業の活性化には、農産物の育成が欠かせないと、農家のおばちゃんたちが運営する、「みたけグルメ工房」という名前の農産物加工販売施設を応援。『あの農産物直売所は、なぜ元気なのか?』という本まで著し、同じ悩みを持つ全国の地域づくりのリーダーに向けてエールを送る。

ちょっとユニークなものとしては、山里のバス停を美術館にするという取り組みも手がけている。田舎を旅行したとき、田んぼの傍らに小屋形式のバス停を見かけることがあるだろう。地元の子どもたちの他、一般住民から募って、壁に絵画や写真、書などを展示する。額もヒノキ製というから凝っている。単なる地域住民のサービスではなく、あくまでも観光客に楽しんでもらいたいという意気込みが現れている。

木曽町開田高原がＮＰＯ法人「日本で最も美しい村」連合に加盟していることから、「開田高原歩道景観クリーンプロジェクト会議」を立ち上げる。参加者が１人ひとりの担当区間を決め、「美しい村」を保つために清掃活動を行っている。

「とうじそば交流会」なるイベントは、地元の料理を食べながら、男女の出逢いの場にしようという試みである。過疎化を食い止めるには、地元のカップルを増やすことが大切という考えに基づいている。

また、「木曽路『食』探検！」というブログを立ち上げている。ここには、大目さんや友人たちが実際に出かけて食べてリポートした飲食店１５０店舗以上が掲載されている。普通は、こういう仕事は、役所の観光課か地元のミニコミ誌あたりがやっているものなのだが、それを大目さん個人が開設し発信している。

その他にも、木曽交流創造塾世話人、長野県地方自治研究センター理事、ＮＨＫふるさと通信員、地域づくり誌「かがり火」支局長など活躍の場は数多い。

そんな大目さんは、日頃、地元の王滝村特産のヒノキでつくったアタッシュケースを持ち歩く。特注品だ。これを県内外へ出張する際には持ち歩いて、会う人ごとに驚かせる。

このケースを見た人が、木曽に興味を持ってくれたら、という願いが込められている。だが、その奥には深慮遠謀が秘められていると、大目さんは言う。

「広告を出すくらいなら、同じお金で話題性のあるものをつくり、マスコミにアピールしたほうがお得です。独創的な発想は低予算で大きな観光PRにつながるのです」

この一言で、1枚の「免許証型」名刺から、町おこしにまで1本の線がつながるだろう。今、地方自治体はお金がない。その中で、どうしたら観光客を呼び込めるか。都会への人口流出を食い止め、新しい家族を呼び込めるかが課題なのだ。かといって、広告代理店にPRを頼むような予算もない。

そこで、会う人、会う人の注意を引くことに徹した。その仕掛けが、「免許証型」名刺であり、ヒノキのアタッシュケースなのである。さらに、いつもイベントを仕掛けてマスコミに取り上げてもらう。「私のスクラップブック」という冊子を見せてもらった。大目さんが関わった、この10年間に掲載された新聞などの掲載記事集だ。なんと取材の数が120

回にも及ぶというから驚きである。

いかがですか？　公務員がここまでやるのです。１枚の名刺に熱情を込めて。

7年間で年商3倍！「ホッピー」3代目社長の名刺の秘密を探る

【名刺の達人に学ぶ⑤】

お酒を飲まない人でも、「ホッピー」という文字は目にしたことがあるはずだ。東京の繁華街、それもちょっと下町を歩けば、あちこちに「ホッピー」の赤ちょうちんが目に飛び込んでくる。

テレビでも、芸能人がホッピーを美味しそうにグイグイと飲み干すシーンを目にする。さらに都内では、「ホピトラ（ホッピートラックの略）」なるラッピング広告を施した搬送トラックが走り回っている。なんと、浅草には「ホッピー通り」などと呼ばれる飲み屋街まである。

念のため（あくまでも念のため）、この項の主人公、ホッピービバレッジ株式会社が開発した「ホッピー」とは何物なのかを説明しておこう。

もともと、「ホッピー」は戦後の物不足の時代に、当時、高級品だったビールの代用品の焼酎割飲料として親しまれていた。その後、経済が安定するにつれ人気も衰える。「サワー」や「チューハイ」などにも押されたことも要因だ。その後、長い低迷期を迎える。

ところが、3代目にあたる石渡美奈氏が2003年副社長に就任後（2010年に社長就任）、破竹の勢いで「ホッピー」は快進撃を始める。自らのことを「空飛ぶ看板娘」「ホッピーミーナ」などと呼ぶ石渡氏のユニークかつ強烈な個性に、その秘密が隠されていると私は思っていた。

初めてミーナ（以後、そう呼ばせていただく）の講演を拝聴したのが4年前。経営の苦労話を熱く語る姿に感動はしたものの、「なぜ、これほど急成長を成し遂げたのか？」という疑問の答えにはならなかった。

講演後のパーティで名刺交換。ミーナの名刺を受け取った瞬間、「これだ！」と確信した。名刺とは、「人の名を刺す」、つまり相手の心にグッと自分の名前を刺すことから名づけられたと言われている。まさしく、ミーナの名刺は「人の心に刺す」ものだった。

ミーナ個人、さらにはホッピービバレッジの社員のみなさんの名刺を掲げながら、名刺1枚に込められたメッセージを「名刺は広告」という観点から紹介していこう。

まずは、これから。ミーナが副社長時代の名刺だ。

ここで1番に注目するのは、「ＬＯＷ糖質・ＬＯＷカロリー、ＺＥＲＯプリン体」というコピーだ。これを主力商品ホッピーの特徴として「３つのハッピー」と呼んでいるそうだ。

この名刺は、その点を実にストレートにうまく表現している。伝えたいメッセージに視点が行くようにと、赤い星印を描いて注目度を上げている。

「ＡＩＤＭＡ（アイドマ）」の法則（次章で詳しく説明）でいうところの、Attention（注意）とInterest（関心）を引くだけでなく、誰もが持つ「健康でありたい」というDesire（欲求）をも抱かせる「ひと言」だ。

裏面には、ホッピーを知らない人、飲んだことのない人のために、「ホッピーのおいしい飲み方」と、携帯サイトのＱＲコード。この１枚の中に、ホッピーのことを

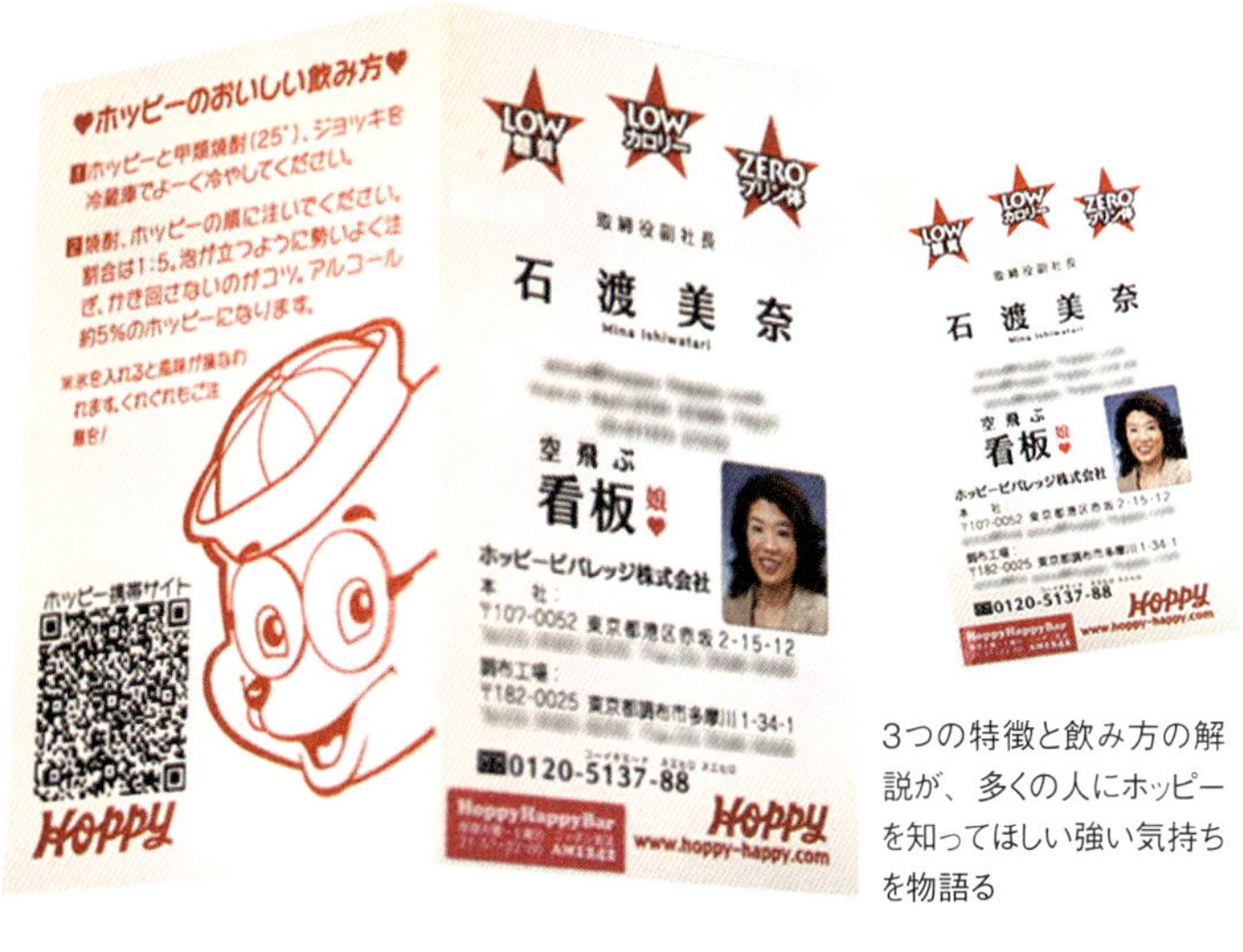

3つの特徴と飲み方の解説が、多くの人にホッピーを知ってほしい強い気持ちを物語る

知ってほしいという気持ちが凝縮されている。それもシンプルに。

下の名刺は2つ折になっていて、パッと広げるとホッピーの文字とキャラクターが元気よく飛び出す。よく子ども向けの絵本に使われる仕掛けだ。

実は、このとき、もう1枚の名刺をいただいた。それがコレ！

本名も肩書きもない。「ホッピーミーナ」という愛称の「プライベート名刺」だ。裏面で、出演するラジオ番組と、ブログ、そして著作のPRをしている。

第2章では「プライベート名刺をつくろう」と提案するが、オフィシャルではない「もう1枚」で社長個人の人柄をアピールしているもっとも適した例だと言えよう。こちらは、写真ではなく、似顔絵キャラクターであることも、あえてくだけた雰囲気を出そうとする特徴の1つだ（ただ、現在は使用していないそうだ）。

まるで「飛び出す絵本」のようなカラフルな名刺は、楽しくて何度も何度も開いてしまう

次に、社員の名刺も紹介しよう。

写真の横に、「ひと言メッセージ」が添えられている。

ここにある横瀬浩子さんの「LOVERY HOPPY」の他、「夢のお供にHOPPYを!!」や、「1本1本に感謝の気持ちを込めて」「お客様の声が最高のギフトです」「熱い思いで醗酵させています」など、全社員1人ひとりが「ホッピー伝道師」として、自分で考えた言葉を15字以内で載せている。

ほとんどの会社では、名前と所属以外は、全員が同じ内容、同じデザインのものを使っている。しかし、これは営業マンの立場からすると、「ボッ個性」を絵に描いたようなものだ。言うまでもなく、お客様の多くは、「その人だから」買うのであ

TPOに合わせてつくられたプライベート名刺は、遊び心もたっぷり

1人ひとりメッセージの異なる社員名刺は、まさしく「自分をアピール」する名刺だ。もらったお客様は、「あなたから買いたいな」と言いたくなってしまう

り、「あなたから買いたい」と言わしめるのがデキル営業マンなのだ。

また、社員自身、自分の考えたメッセージが名刺に刷られることで、モチベーションも上がることだろう。同業ならずとも、すぐに真似できる一例だ。

こんな名刺もつくっている。ダイカット名刺だ。

ダイカットとは、広告用語で、DMなどで形抜きや穴あけをして相手の注意を引くために工夫をしたもののこと。商品のラインナップをお客様（飲食店オーナー）にプレゼンする際、カタログ代わりに用いたりする。

これも、あらゆる業種で活用できそうなアイデアだ。

最後に、ミーナ以下、現在ホッピービバレッジ社員が使用しているもっとも最近の名刺を紹介しておこう。

東日本大震災の復興への思いを込めてつくら

「ほしい！」人が殺到する、人気のダイカット名刺。種類も豊富でたくさん集めたくなる。ここまで手間をかけることに脱帽だ

れた名刺である。題して「いきぬこう、ニッポン」。同社が2011年4月から始めた、ホッピーの売上の1部を被災者のために義援金として送る企画内容を示した名刺でもある。

ミーナの名刺は、実によくできている。本書で著したさまざまな「こだわり名刺」のつくり方のツボを押さえた「お手本」のような名刺だ。

ミーナは以前、広告代理店に勤めていたことがある。おそらく、そこで培った広告の手法を名刺の中に詰め込んだに違いない。

ただし、それはテクニックの話である。なんといっても、「ホッピーを大勢の人たちに飲んでもらいたい」という情熱がなせる業であろう。

メインマーケットは創業の地、赤坂のある東京であるが、現在では「唯一無二の商品を1人でも多くの方に飲んでいただきたい」という想いで、創業者から親子3代にわたり継承、そして

現在使用しているホッピービバレッジの社員名刺は、広げると企業からのメッセージが！

ときに革新を行い、ほとんどの府県の居酒屋などで飲めるようになってきた。

ホッピービバレッジ株式会社は、２０１０年に創業１００周年を迎えた老舗企業である。しかし、ミーナの行った組織改革により、社員の平均年齢は約30歳と、まるでベンチャー企業のような特徴もある。この7年で年商は3倍になったという。

ここに掲げた名刺1枚1枚に、創業者から続くホッピービバレッジのフロンティア精神が息づいている。

インパクトナンバーワン！　瞬殺、秒殺名刺の必殺技

【名刺の達人に学ぶ⑥】


何より、この名刺をご覧いただきたい。

絶世の美女が、空手のポーズでこちらを睨んでいる。問題はその脇の名前「前田瑠美」に、ちょこんと載っている「肩書き」だ。

「歌手」

「ええ!?」これはきっと、何かの間違いに違いない。たとえば、「〇〇道場師範」とか「アクション女優」とか。いやいや、彼女の本業は、立派なプロの歌手なのだ。

その経歴というのがスゴイ。

まずは、写真の通りの空手家で、なんと極真空手全日本女子元チャンピオンなのだ。一家は、柔道、太極拳、空手、居合道、詩吟道、弓道など武道の家柄。祖父母、父母、弟、そして瑠美さんで合わせると80段以上（本人は16段）になるという。

幼い頃から柔道や空手を習っていたが、「寸止め」に物足りなさを感じ、大山倍達氏の極真空手の門戸を叩いた。そして、修練の結果、極真空手全日本女子チャンピオン、極真空手女子全世界空手道選手権大会ベスト8となる。

それだけではない、第25代ミス鹿児島にして、平成音楽大学声楽科卒業、カーネギーホールでミュージカルに出演している。テレビ番組「中居正広の金曜日のスマたちへ」や「笑っていいとも！」「1億人の大質問!? 笑ってコラえて！」などにも出演したことがあるので記憶にある人もいるかもしれない。

ユーチューブをご覧いただくと、ドレスのまま瓦割りを披露する姿を見ることができる。

ポーズを決める姿は空手家にしか見えず、肩書きとのギャップに驚く

ここで、名刺の話に戻ろう。彼女はわかっているのである。この美貌と空手チャンピオンというギャップの大きさに。わかっていて、計算づくで「空手のポーズ」の写真を活用している。

最近は、「感動経営」とか「感動サービス」と言い、お客様への接客研修によく「感動」という言葉が使われる。しかし、「お客様に感動を与えなさい」と言われた側は、戸惑ってしまう。ではどうしたらいいのかと。

筆者は、日頃、研修や講演でこう説いている。

「感動とは、落差である」と。相手の期待が高ければ高いほど、それが裏切られたとき、クレームにつながる。一流ホテルに泊まったにもかかわらず、接客が悪かったりすると「あんなに高い料金を支払ったのに」と腹が立つ。

ここが、ポイント！

「○○なのに○○」という期待度の「落差」がクレームを招くのだ。「感動」もまったく同じ心理状態を引き起こす。

わかりやすい例を挙げよう。「小柄なのに大リーガー」といえば、イチローのことだ。彼の大活躍は、小柄だからこそ、よけいに「感動」を呼ぶのだ。

だから、コンビニやフランチャイズの飲食店は接客に有利と言える。お客様は最初から最高のサービスを求めていないからである。しょせん、マニュアルに基づいた画一的なサービスしかできないと思い込んでいる。もし、そんなコンビニで、一流ホテルのような接遇をされたなら、人は間違いなく「感動」する。

話を戻そう。名刺は、ファーストコンタクトでもいかに相手の興味を引くかが勝負になる。目の前には、ミス鹿児島になるほどの美女。受け取った名刺は、空手着でファイティングポーズを取っている。「え⁉ これってあなたですか？」と思ってよく見ると、「歌手」と書いてある。

「美人なのに空手チャンピオン」

「空手家なのに歌手」

その、インパクトで相手はノックアウトされてしまう。

彼女は、２０１２年、４枚目のアルバム「情景歌」をリリースして、大ヒットを飛ばすため全国を飛び回り地道にコンサート活動を行っている。何事にもとことん取り組む人生。きっと近い将来、紅白歌合戦に出場し、ＮＨＫホールで1曲披露する前に、真紅のドレスのまま瓦割りを披露してくれるに違いない。

第2章

「名刺弱者」は自分の「強み」を盛り込む

志賀内泰弘

「強者の名刺」と「弱者の名刺」

私は、総理大臣の名刺を見たことがある。

ただ、残念ながら実際に会って名刺交換したわけではない。たまたま、地元選出の国会議員から話のネタに見せてもらったのである。「これだよ」と言われて差し出されたものを、ワクワクして手に取った。

一国のトップだからといって、金箔が貼られたり、ダイヤモンドが散りばめられたりしているわけではなかった。もちろん、サイズも我々のものと同じ。紙こそ、少々上質のものを使用してはいたが、他にいくらでも上等なものを使っている人はいる。つまり、どこにでもある普通の名刺だった。

ところが、1つ。我々が使っている名刺と、決定的に異なる点があった。タテに、こんな具合に書かれているだけで、裏面は真っ白。思わず「う〜ん、さすが」と唸ってしまった。

内閣総理大臣
○○　△△

そうなのだ。肩書きと氏名。ただ、それだけしか書かれていなかったのだ。

実は、これと同じ形式の名刺を見たことがある。

○×会
会長　○○　□□

表書きは、ただそれだけ。某右翼団体の会長の名刺である。同じくタテ型。こちらは、裏を向けると5つくらいの団体名が列記されており、そのいずれもの代表なり会長であることが記されてあった。こんな話を居酒屋ですると、「俺も、俺も」と、似た話が飛び出す。

誰もが知るミュージシャンの名刺は、名前とブログのURLだけ。ただし、薄いブルーの紙。裏面には名前がアルファベット表記されていたという。有名カメラマンの名刺は、名前と携帯の番号だけだったとのこと。

名刺とはそもそも、初対面の人に渡すもの。自分が何者であるかを「これこれこういう者ですが、どうぞよろしく」と口頭ではなく文字で伝えるものである。

そして、言うまでもなく名刺は、「自分が何者で、何をしているか」を伝え、こちらから相手に「今後ともどうぞお付き合いのほどよろしくお願いします。何かございましたらこちらまでご連絡ください」と、アクセスしてもらうための情報を伝える道具である。

しかし、超一流の世界の人たちになると、そんな必要性がなくなってしまう。

こんな例もある。テレビの情報番組などのコメンテーターとしてお馴染みの経済評論家に挨拶したときのことだ。しかるべき紹介者を立て、当日を迎えた。

こちらが、「初めまして……」と言って名刺を差し出すと、受け取るなりポケットにしまって話を始めた。「え⁉」と戸惑いはしたものの、いくつか質問をすると丁寧に答えてくれた。別れ際に、思い切って言ってみた。「あのう……、お名刺を頂戴できませんでしょうか」と。すると、驚くべき返事が。

「いらないよね、僕のこと知ってるでしょ。何か用事があったら、事務所のホームページへメール頂戴。返事するから」

ちょっと不遜だな、とは思った。しかし、それは事実。誰もが知る有名な人だし、私も存じ上げている。言うことは正しい。超有名人だ。おそらく、ホテルでもレストランでも、知らない人から声をかけられることも多いだろう。パーティなどでは、それこそ大変。こぞって挨拶しに来る。いちいち全員に名刺を渡していたらキリがない。「なんて失礼な。こちらが名刺を渡しているのに！」などという一般の常識はここには存在しない。

この人の場合は、名前と肩書きだけの名刺を超えている。名刺を渡さないのだ。想像ではあるが、おそらく事務所名も住所も電話番号も書かれた名刺を持ってはいるだろう。でも渡さない。それでも許されるし、それで仕事に何の不都合も生じない。そういう世界が存在するのだ。

第2章の冒頭から、こんな話をするには理由がある。その理由が、この「じわじわ稼ぐ名刺」のテーマと大きくつながる。それは、「名刺には、2つの世界がある」ということだ。それは、「みんなに知られている人の名刺」か「誰も知らない人の名刺」。

もうおわかりだろう。内閣総理大臣の名刺の話をした。日本人で自国の総理大臣の名前を知らない人はいない。誰もが知っている。だから、肩書きと名前だけで済む。

しかし、多くの人は、誰にも知られていない存在である。マスメディアに登場するような、一部のいわゆる著名人を除けば「誰も知らない人の名刺」ということになる。総理大臣やミュージシャンの名前だけの名刺を見て、「カッコイイ」と思って真似をしたところで意味がない。立場が違うのである。

ここからが本題だ。

あなたが中小企業のオーナー社長だったとしよう。いつか、会社を上場させようと日々努力している。世界的に有名な某電気メーカーの創業者のことを尊敬し、その人の著書がバイブルとなっている。「いつか自分も……」と思い、その会社の名刺のデザインを真似て自社の名刺をつくった。

しかし、その名刺が、中小企業の社長にとって役に立たないことは明らかである。世界的な某電気メーカーの名前は、誰もが知っている。名刺に印刷されている会社名を見れば、誰もが何をする会社なのかわかっているので説明不要なのだ。

ところが、中小企業の社長が「会社名」と「住所」だけ記載したところで、相手には何をする会社なのか伝わらない。仮に「会社名」に「○○電気」と付いていたとしても、それが「家電」なのか「電気工事」なのかさえもわからない。

ところが、世の中の中小企業者の名刺は、前者の大会社の「みんなに知られている人の名刺」と同じ形式のものが多い。自分の会社が、「みんなに知られている」か「誰も知らない」かによって、名刺のつくり方は大きく変わる。個人が、自身の性格や気質を認識できて初めて、その弱点を人生において補ったり、反対に活かしたりすることができる。

名刺の世界も同じである。まずは、自分の立場を自覚することから始まる。「みんなに知られている」ということは、ビジネスにおいて大きな「強み」である。「誰にも知られていない」ということは、「弱み」である。ここから先は、「強み」「弱み」という観点から「強者の名刺」「弱者の名刺」、あるいは「名刺強者」「名刺弱者」という表現で説明させていただきたい。

「弱者」である会社の社長は、まず何をすべきか。まずは、会う人に自分の会社のことを知ってもらう必要がある。

多くの場合、名刺を印刷屋さんか広告会社に頼むのではないだろうか。なかには、格安・スピーディを売り物にした名刺専門業者でつくる人もいるだろう。その際、大きな過ちを犯すことがときとしてある。社長が過ちを犯すのではない。業者が誤った名刺を提案してくることがあるのだ。

印刷屋さんも広告会社も、パッと見て「カッコイイ」名刺をつくりたがる傾向にある。その会社が「強者」か「弱者」か、つまり「誰もが知っている会社」か「知られていない会社」かということをまったく考えず、すべての会社を一律に考え、ただデザインとして「カッコイイ」名刺をつくってしまう場合があるのだ。

そもそも、名刺とは何のために渡すのか。それは、「自分がどこの誰で、何をしているのか」を相手に伝え、「今後も、ぜひお付き合いさせてほしい」ということをアピールしたいからだ。要するに、センスだとか見てくれに凝る前に、まずはとにかくどうしたら1枚の名刺でこちらのことをわかってもらえるか、それを追求することに尽きるのである。

そのためにも、まずは自分が持つべきものが「強者の名刺」か「弱者の名刺」かをしっかりと自覚する必要がある。

工夫次第で「弱み」は「強み」に変わる

占いが好きな人は多い。星座、花、誕生日、手相、顔相、タロット、姓名判断……など数多とある。雑誌や新聞での一番の人気コーナーは、占いだとも言われている。

それほど占いが好きなのに、占いの結果を分析して、それを人生に活かそうという人は少ない。

たとえば、血液型占いがある。A型は神経が細やかで気配りができる。ただし細かいのでロうるさく、不平不満を言いやすい。O型は視野が広くて小さなことにこだわらない。反面、頑固で短絡的。そういう性格を見たり聞いたりすると、「そうそう、当たっている」、と仲間でわいわい騒いで終わってしまう。それでは、前項で述べたように何も進歩がない。占いにしても、性格判断にしても、自分のプラス面、マイナス面を知った上でどう人生にプラスに働かせるかが大切なのである。

エニアグラムというものをご存じだろうか。西洋で2000年以上も昔から説かれてきた人間学である。アメリカなど世界各国で、その実証性が科学的に検証された。人間の本質は、必ず9つのタイプに分類できるという。

タイプ1　完全でありたい人
タイプ2　人の助けになりたい人
タイプ3　成功を追い求める人
タイプ4　特別な存在であろうとする人
タイプ5　知識を得て観察する人
タイプ6　安全を求めて慎重に行動する人
タイプ7　楽しさを求め計画する人
タイプ8　強さを求め自己を主張する人
タイプ9　調和と平和を願う人

（参考図書）鈴木秀子著『9つの性格』ＰＨＰ研究所

これだけを見ていると、我々が知る血液型判断などと差異はない。しかし、エニアグラムの最大の特徴は、この先にある。自分が、どのタイプの人間であるかを知ったら、それをどう「生き方」に反映させるかということに重きを置いているのだ。

タイプ1の「完全でありたい人」というのは、完全を求めるために緻密な努力をしてどんな重責をも投げ出さない。しかし、それが強迫観念になり、「周囲も自分もまだまだ完全ではない」といつまでも満足しなくなり、常に欠点を見つけようとする。それがしばしば、落とし穴になる。それを防ぐため、建設的でありながらも、自分自身にも他人にも大らかに接するように努めれば、人生はうまくゆく……。そんなふうに分類されているのだ。

さて、このエニアグラムの考え方を名刺に当てはめてみよう。

あなたがもし、「弱者の名刺」の人だったとしよう。しかし、一口に「弱者」といっても多種多様である。たとえば、建設業の場合、一般注文住宅を請け負う会社もあれば、下水道や道路工事をする会社もある。それぞれ業態によりターゲットが異なる。

公共工事を中心に扱う下水道会社であれば、お役所の人に良い印象を持ってもらえる名刺をつくるべきだろう。もし、一般家庭の水漏れ修理などをする部門を持っていれば、それ専用に別の名刺をつくる必要がある。

飲食店なら、開業して1店舗目のときと、3店舗目になってからとでは自ずとアピールの対象や地域も変わってこよう。仮に「弱者」であったとしても、自分の会社の「強み」は何なのか。「弱み」を補うために、何をしたらいいのか。「強み」と「弱み」を、細やかな感覚で名刺に盛り込むことが必要だ。

実例を紹介しておこう。

ある町の医院の院長先生と名刺を交わした。ご存じのとおり、病院は医療法などで広告規制があり、名刺1枚といえども、下手にアピールできない。

そこで、病院名のロゴにこだわった。有名なデザイナーに発注して、なんともほのぼのする手書きタッチの文字を名刺に刷り込んだのだ。もちろん、これは医院の看板にも使用されている（実物をお見せしたいが、それ自体が広告行為になる恐れがあり残念）。

これは、「弱み」を補うために、工夫をした一例である。

次は、ある町の不動産屋の社長さんと出逢ったときの話。まだ30歳くらいの年齢に見えた。不動産業は情報が命。たくさんの人に会うのが仕事である。土地・建物は大きな買い物である。何より信用が1番。初対面からいきなりビジネスにつながることはない。まず、相手に信用してもらうにはどうしたらいいのか。それが課題になる。

社長さんの名刺には、卵型の円の中に、こんなコピーが書かれていた。

「創業51周年をありがとう」

　これを見て私は尋ねた。

「お父様が創業されたのですか？」

　すると、

「はい、祖父が始めました。私で3代目になります。おかげさまで、小さな会社ですが、バブルやリーマンショックも乗り越えてやってこられました。ひとえに地域のお客様のおかげです」

　会社の知名度だけでなく、自分自身の年齢も「弱者の名刺」に該当することを理解した上で、この青年社長は、間違いなく戦略的に「創業51年」と謳っていることがわかった。誰もが、「そんなに長い歴史のある会社なんですね」と信用してくれるというわけだ。

　こんな名刺もある。ヨコ型で、本来、名前が入るべきところに赤字で、

「日本一『ありがとう』と言われる会社になりたい」

と書かれている金属加工メーカーがあった。「アッ！」と思い当たる人も多いことだろう。居酒屋チェーンのワタミグループの企業理念体系の中に、「〝ありがとう〟を集める」というものがあることを。社長に聞くと、ズバリ大当たり。ワタミの創業者・渡邉美樹さんの

大ファンで信望しているとのこと。そこから、拝借していることを正直に話された。

その金属加工メーカーは創業間もない会社である。知名度も、突出した技術力もない。でも、ワタミの創業期と同じ「熱意」はあることを、「ありがとう」という言葉でアピールしたのである。実際、「ワタミさんと一緒ですね」と言われることが多いという。それが会話のきっかけとなるそうだ。「強み」がなく、「弱み」ばかりでも工夫次第で名刺を活かすことができる例である。

「弱者の名刺」の中でも、「弱み」の種類はさまざま。個々にまず、自分の会社の「弱み」を見つめてみよう。

「名刺」は広告だ！――「ＡＩＤＭＡ」の法則

「名刺弱者」が相手に自分のことを知ってもらいたいという行為そのものは、自分を知らせる「広告」に他ならない。「広告」とは、不特定多数に対する宣伝活動のことである。

名刺は、１度に多数の人たちに伝える媒体ではない。しかし、１対１も、積もり積もれば山となる。１０００枚渡せば、１０００人に対して「広告」を打つのと同じ意味になる

郵便はがき

おそれいりますが
50円切手を
お貼りください。

1028641

東京都千代田区平河町2-16-1
平河町森タワー13階

プレジデント社

書籍編集部 行

フリガナ		生年（西暦） 年	
氏名		男・女	歳
住所	〒 TEL （ ）		
メールアドレス			
職業または学校名			
ご購入書店名	（所在地 ）		

ご記入していただいた個人情報およびアンケートの内容につきましては、厳正な管理の下でお取り扱いし、アンケート集計、弊社サービスに関する情報のお知らせに利用させていただく場合がございます。事前のご了解なく他の目的で利用および提供を行うことはありません。

この度はご購読ありがとうございます。アンケートにご協力ください。

本のタイトル

●ご購入のきっかけは何ですか？（○をお付けください。複数回答可）

1 タイトル　2 著者　3 内容・テーマ　4 帯のコピー
5 デザイン　6 人の勧め　7 インターネット
8 新聞・雑誌の広告（紙・誌名　　　　）
9 新聞・雑誌の書評や記事（紙・誌名　　　　）
10 その他（　　　　）

●本書のご感想やご意見をお聞かせください。

●最近面白かった本、あるいは座右の一冊があればお教えください。

●今後お読みになりたいテーマや著者など、自由にお書きください。

※あなたのご感想やご意見を新聞・雑誌の広告や弊社ホームページ上で掲載してもよろしいでしょうか？（掲載の方には弊社の雑誌か書籍を一冊進呈いたします。）

1 実名で可　2 匿名なら可　3 不可

どうもありがとうございました。

わけである。いや、むしろそれ以上の「広告効果」が期待できることは容易に想像できよう。「広告」を打つときに、1番悩ましいのはターゲットをどう絞るかということ。たとえば、テレビのCMの場合、子ども向けの商品を売ろうと思えばアニメ番組のスポンサーになるのが常套である。しかし、その番組を見ている子どもや親の顔を見ることはできない。いくら、発信先を絞ろうとしても、不特定多数であることは否めないのである。

それに引き替え、「名刺」は確実に渡す相手に伝えることができる。相手が耳を傾けてくれさえすれば、なんとその場で、その名刺を使って自社のプレゼンすら可能になる。「名刺」とは、立派な「広告」なのである。それも、もっとも安価で、もっとも手軽で、かつ日常の仕事において「ついで」にできる「広告」である。そのことを自覚すると、自ずと名刺をつくる際のポイントが見えてくる。

広告に携わる人たちなら誰でも知る理論がある。

「AIDMA（アイドマ）」の法則だ。

認知段階のAttention（注意）、感情段階のInterest（関心）、Desire（欲求）、Memory（記憶）、行動段階のAction（行動）の5つの頭文字を取ったもので、アメリカのサミュエル・ローランド・ホールが唱えた消費者の心理プロセスを示したモデルである。

よく比較されるものに、日本の電通が提唱したＡＩＳＡＳというモデルなどもあるが、本書ではわかりやすいので、一例として「ＡＩＤＭＡ」の法則を使って説明したい。

仮にあなたの会社（中小企業）が、健康ドリンクを扱っているとしよう。まず、Attention（注意）、言い換えればみんなに注目して名前や商品を知ってもらわなくてはならない。名前を知ってもらったら、次はいかに買ってもらうことにつなげていくかである。そのためには、その健康ドリンクがいかに美味しいかということに「関心」を持たせる必要がある。たとえば、青汁なら「苦みが少なくて飲みやすい」とか、黒酢なら「酸味がさわやかで飲みやすい」ということをアピールするにはどうしたらいいかを考える。

次の段階が「欲求」。「やせたい」「目覚めをよくしたい」「便通の改善」など健康に効き目があることを訴える。その「欲求」が強まると、「もし買うならこの商品にしようかな」と「記憶」に残ることへと進展する。そして最後が、「行動」だ。もし価格の高いものなら、「ローンも組める」ということになれば、お客様は「買う」という行動に移る。

さて、このＡＩＤＭＡの法則に照らし合わせて、あなたの「名刺」を「広告」だと考えてつくってみよう。「注意」を引くなら、名刺の色やロゴに工夫を凝らしたイチオシの商品名を記載すべきである。会社名だけでは、何を売っているか相手に伝わらない。もし、その健康ドリンクが「甘苦《あまにが》ジュース」というユニークなネーミングだとしたら、名刺を渡した相手はきっと「これ、なんですか？」と聞いてくれるだろう。

名刺の裏面に、自分の似顔絵のキャラクターが、「ちょっぴり苦いけど、すご〜く甘いんです」と喋っている吹き出しがあったら、もう「関心」を持ってくれることは間違いない。

そこに「最近、体調が優れなくてお悩みではありませんか？」とでも書かれていようものなら、さらに「効き目があるなら試しに飲んでみようかな」という「欲求」につながるかもしれない。

もし、ユニークな形や色の名刺であったなら、「こんな名刺をもらったよ」と友達に見せることだろう。すると、その名刺を取り出すたびに、「商品」のことを思い出す。つまり「記憶」されたのだ。

そして、最後。「名刺を提示していただけたら、いつでも20％割引します」と書かれていたら、購入（つまり「行動」）の背中を押すことになる。

もちろん、これらの要素を全部盛り込んだ名刺をつくろうとしたら、ゴチャゴチャしてしまい、相手は見てくれないだろう。しかし、このＡＩＤＭＡの法則を常に頭に置くことで、扱う商品によってアピールしたいことを重点的に「名刺」に盛り込むことが可能になる。

第一に考えたいのは、「欲」を張らないことだ。

「名刺強者」である大手企業は、当然、「誰もが知っている」ので最初のAttention（注意）は何もしなくてもクリアしている。これに比べて「名刺弱者」は圧倒的に不利である。それを逆手にとって、「名刺強者」にはできないアピールを盛り込んだ名刺をつくることをオススメしたい。

「名刺」は「広告」だが、「チラシ」ではない

まずは、この名刺をご覧いただこう。

折り畳み式になっていて、8面にわたってびっしりと「伝えたい」ことが書かれている。本人の生年月日から始まるプロフィール、好きな言葉とその解説、やっている仕事の説明、お客様の声などなど。おまけにこの会社はホームページの制作も行っているらしい。

「これが私にできることのすべてです！」と大声を張り上げているようなものだ。

こうなると、「何屋さん」なのかさっぱりわからない。「いろいろ」やっていることは理解できるが、「いろいろある」ということは、1つも印象に残らないということ。自分から

「特技がない何でも屋です」と言っているようなものだ。

また、価格にも触れているので、スーパーマーケットなどの新聞の折り込み広告、つまり「チラシ」になってしまっている。まさしく「チラシ」の縮小版だ。

熱意はわかる。なんとか自分のことを伝えたい。わかってもらいたい。でも、それは、相手には「売りたい」としか伝わらないのだ。

こうなると「買わされる」と思われ、相手に引かれてしまう。世の中、第一印象が大切だ。初対面で「買わされないように気をつけよう」と思われたら、まず2度目は会ってもらえない。

もう1点。あれもこれもと詰め込んだら、文字が細かすぎて年配の人には読むのが辛い。

折りたたみ式の8面名刺。左記は架空の名刺だが、実際にある8面名刺をもとに作成

若くて健康な人にはなかなか理解できないかもしれないが、早い人になると40歳くらいから老眼が始まる。人生80年とすると、消費者の50％は細かい文字を見るのが苦手なのである。

いやいや、アルコール類など商品によっては、20歳未満は販売対象に入っていないものもある。ということは、せっかくつくった名刺も、約3分の2の人には読んでもらえないということになる。それでも、「自分が営業でいつも会う人たちは、20代や30代の人たちだ」と反論する人もいるだろう。しかし、それは大きな間違い。たしかに、あなたの窓口の担当者は若い人かもしれない。だが、商品を最終的に仕入れるか否かの決裁権を持つのは、40代や50代の人たちがメインなのである。

いちいち、カバンから老眼用のメガネを取り出してまで読むという行為の面倒さは、その当事者にならないとわからない。わからないから、「こういう」名刺をつくってしまうことになる。ちょっと言い方が厳しいが、老眼の人たちに対して「思いやりのない名刺」と言えよう。

そもそも、「名刺」は「チラシ」ではない。最終的には、物を買ってもらうための導入ツールであってもかまわない。しかし、それはずっと先の話。まずは、自分のことをどういう人間なのかわかってもらうことが肝心だ。

よく、マーケティングの世界では「物を売らずに人を売れ！」という。１度だけ売れればいい。押し付けでもいいというのなら、物を売るのは難しいことではない。問題は長きにわたって、常連さんになってもらえなければ意味がない。

では、自分の会社のファンになってもらうためには、どうしたらいいか。

それは、相手の役に立つことだ。役に立てば、ファンになってもらえる。

それでは、どうやって役に立つのか。

誰もが仕事をしている。世の中には無数といってもいいほど多種多様の仕事がある。自分の仕事を通して、どうしたら目の前の人の役に立てるのか。その一言を「名刺」１枚にメッセージとして盛り込むのだ。

「名刺」は「チラシ」ではないが、「広告」である。

「広告」ではあるが、「売り込み」をしてはならない。

相手の役に立つ「お知らせ」を提供すること。それが、「名刺」という「広告」媒体の役割である。その具体的なアプローチについて、次項で紹介しよう。

「得意技」から自分の「強み」を活かすコピーを考えよう

念押しすると、「名刺弱者」といっても、けっして「負け組」とか「貧乏」ということではない。ただ、知名度が低いというだけのこと。

マスメディアに取り上げられて、今でこそ有名になってしまったが、「痛くない注射針」の開発で脚光を浴びた岡野工業株式会社は、従業員数人の町工場である。高い技術力で世界中から受注がある。

規模が小さくても、個人企業でも、誰にも負けない「得意技」がどの会社にもあるはず。あなたのその「得意技」を、名刺に刷り込むのである。パッと見て、心に響くようなキャッチコピーを。

とはいっても、自分のことは、自分ではわからないもの。自分の「強み」の見つけ方を、共著者の1人である岡田政広の場合を例にとって説明しよう。

岡田は、印刷業とパソコン関連の2つの仕事をしている。自分の名刺をつくるに当たって、それぞれの業態ごとに、「得意技」を書き出してみた。

印刷屋としての岡田政広の得意技

1	開封ハガキの作成ノウハウを持っている
2	イラストレーターCS5を持っているので、デザイナーにラフデータをつくって送ることができる。←制作スピードが速くなる。ちょっとした修正も社内で可能
3	開封くじで家電量販店の仕事を 10 年行った。スクラッチくじと違い、家電量販店のような小売りのオープニングに欠かせない利点がある
4	サイズA0のポスターでも1枚から作成可能
5	カーラッピングを格安で受けることができる
6	ハガキサイズからA3までのパネルを社内で作成できる。名古屋で出版した先生方が書店にパネルを置いてもらい、本の宣伝効果があった
7	撮った写真をその場でプリントアウトしてお持ち帰りができるプリンター所有
8	高速宛名印字機を所有しているので封筒やハガキへのダイレクト印字が可能
9	ハガキ、封書のダイレクトメールをもっとも安く送ることができる
10	Tシャツの作成は小ロットから大量まで受注可能
11	封書DMは、内容物のデザインから印刷、封筒の作成、宛名印字、発送、不着の返却まで責任を持って一貫した作業を行う
12	オリジナルうちわ作成
13	複写伝票作成
14	オリジナルのぼりやのれん作成
15	神社や料亭のオリジナル半纏《はんてん》作成
16	プラスチックメンバーズカード作成
17	ペットボトルから水滴が垂れない「ドロップレス」販売
18	耐久・耐候性ステッカー作成
19	30 センチ角までの商品撮影スタジオ所有
20	オンデマンドによる名刺作成。短納期と小ロットの場合でも適正価格にて作成
21	カラーチップと紙サンプル、封筒サンプル所有により打ち合わせがスムーズ
22	小ロット喪中ハガキ作成
23	OPP（透明ビニール）封筒販売

パソコン屋としての岡田政広の得意技

1	困ったときに電話をいただいたら、何はともあれ何らかの回答をする
2	パソコンの寿命を延ばすための初期設定を行う
3	コピー機（複合機）の販売店
4	年間サポート契約でかゆいところに手が届くサポートをする
5	壊れたパソコンからデータを抜き出す
6	企業のパソコンのネットワーク構築
7	企業規模に合ったデータバックアップシステムの提案・構築
8	インターネット接続設定
9	インターネット申し込み代行
10	高性能パソコン自作
11	ひかり電話によるコスト削減提案
12	遅いパソコンの動きを速くする
13	クラウドコンピューティング（ネット上にデータバックアップ）指導
14	わかりやすい操作指導
15	企業でエクセルを使いこなすための操作指導
16	ごちゃごちゃになった配線をスッキリまとめる
17	再インストール用CD（DVD）作成
18	オリジナルCD・DVD作成
19	CD・DVD盤面オリジナル印刷
20	無線LAN設定
21	書類がなくてもメール設定を移管できる（NGの場合もあり）
22	パソコンに来たメールを携帯へ転送する設定
23	会社規模に合わせた効果的なウイルス対策を提案

と、これだけのことを書き出しつつ、誰もが思うように「あれも伝えたい」「これもウリにしたい」という気持ちが高まってしまった。しかし、それでは「チラシ名刺」に陥ってしまう。そこで、まず2つある本業のうち、「印刷屋」を断腸の思いで切り捨てることにした。もちろん、印刷の仕事を止めるのではない。ファーストコンタクトでのアピールをパソコン屋に絞るのである。

次に、パソコン屋としての得意技のどれか1つを選ぶ作業である。これまた難しい。書き出していると、ついついどれが1番売上単価が大きいかとか、利益率が大きいか、将来性が見込めるかなどと考え込んでしまった。

そこで、自らの間違いに気づいた。どれか1つの得意技を選ぶのではない。それらをひっくるめた、キャッチコピーを考えるべきであると。

ふと頭に浮かんだのが、マーケティング理論の「ホイラーの法則」だ。エルマー・ホイラーというアメリカの経営コンサルタントが提唱した公式で、「ステーキを売るな、シズル（ジュージューという音）を売れ」というものがある。つまり、ステーキという物を売ろうとするのではなく、食欲をかきたてる音を売れと言うのだ。

これを岡田自身のビジネスに置き換えてみた。

今売りたいのは、パソコンに関連した商品やサービスである。しかし、パソコンは食べ物ではないから食欲をウリにはできない。では、パソコンを使っている人たちに、何を提供したら一番喜んでもらえるだろうか。パソコン利用者は常に何を欲しているかを、書き出した23の「得意技」とにらめっこしながら考えた。

そこで、出てきたフレーズがこれだ！

「パソコンで困ったら」

筆者のケータイには、それこそ真夜中までＳＯＳコールがかかってくる。

「画面がフリーズした」「ウイルスにやられた」「大至急、ホームページをつくってほしい」「コピー機が壊れたが業者が来てくれない」「ノートパソコンの画面が割れた。これで3度目なんです」……などなど。

パソコンを使っている人は、いつもパソコンで悩んでいる。その「悩み」を解消してあげることが1番の「満足」なのだと気づいたのだった。

岡田の名刺には、以来、「パソコンで困ったら」のフレーズが、大きく書かれてある。

お客様を「満足」させる自分の「得意技」を「たった一言」でコピーにする。それがお客様のハートを鷲掴みにする

その一言のおかげで、名刺を渡した人から「助けて〜」の電話が引きも切らない。できる限り仕事の調整をして飛んで行き、問題解決に当たっている。

その出張サービス自体、たいしたビジネスにはならない。お客様に喜んでもらいたいという気持ちがなければ、とてもそんな非効率なことはできない。パソコンが壊れてデータが吹っ飛んだかもしれないと、真っ青な顔をしているお客様の問題が解決して「ほっ」とした顔を見た瞬間の喜びは、何にも代えがたいものがある。

しかし、正直に言おう。喜んでくださったお客様は、「ただ修理だけ」では終わらない。少し間を置いて電話がかかってくる。

「パソコンを買い替えようと思うんだけど、任せるのでお願いできますか？」

なかには、会社まるごとのパソコン・ネットワークを発注されることもある。

自分の「強み」を活かした「シンプル名刺」のつくり方のポイント。それは、お客様を「満足」させる「得意技」を、「たった一言」でコピーにすることだ。まずは自分の「得意技」を20〜30個書き出してみることから始めてみてほしい。

（参考図書）東谷暁著『ビジネス法則の落とし穴』学研新書

ほほ〜へぇ〜「名刺」コラム

その①
もしも名刺をきらしたら

志賀内泰弘

誰もが1度は経験したことがあるのではないだろうか。パーティに参加したところ、思っていた以上に人を紹介されて、手元の名刺がなくなってしまう。これほど心細いことはない。

そんなとき、慌てず騒がず対処する方法を伝授しよう。名刺を差し出した相手に、ニコニコ笑って堂々と言うのです。

「すみません。今日は名刺をきらしてしまいました」

そして、パーティ会場ならどこにでもあるナプキンかコースター、あるいはスタッフの人に頼んでメモ用紙を手に入れて、そこにサラサラッと自分の名前だけを書く。

「ごめんなさい。この名前だけ覚えておいてください。後で必ず名刺を送らせていただきます」

そう言って渡すのだ。そして、できるだけ早く、できれば翌日に速達で名刺を送る。ただ名刺を送るのでは芸がない。お詫び状を添えるとともに、「何か」小さなプレゼントを合わせて送る。それは、自分が感銘した小冊子や旅先のポストカードなど何でもかまわない。

その名刺を受け取った相手の心にちょっと引っかかって、

「ああ、あのときのナプキンの人だ」

と、思い出してもらえたら十分だ。

名刺を忘れた人に自分の名刺を手渡して、「名刺をきらしてしまって」と言われ、「いいですよ、そういうことってありますよね。後で送ってください」と頼んでも、送ってもらえたことはほとんどない。それが、普通。

そういう中で、ナプキンを手渡され（これがポイント！）、本当に後日速達で（ここもポイント！）送ってきたらそれだけで、「あの人は普通の人じゃないな」と思われ、名刺を忘れてしまったというマイナスの出来事がプラスに転じるのだ。

実は、これを現実に、戦略的にやっていた人がいる。パソナグループの創業者である南部靖之さんだ。中島孝志さんの著書で知ったのだが、南部さんは最初からわざと名刺を持って行かず、「すみません。のちほど連絡します」と伝えて、宅急便でどっさり資料を送ったのだという。

たかが、名刺。されど、名刺。たかが名刺をきっかけに、人生の物語は始まる。

第3章

「名刺弱者」だからこそ、「こだわり名刺」を持つ！

岡田政広

もう1枚！「プライベート名刺」をつくろう

誰もが知っている知名度のある会社・氏名の名刺を、「強者の名刺」。反対に、名前を見ても知られていない会社・氏名の名刺を「弱者の名刺」と名付けてレクチャーしてきた。

自分の立場を、「弱者」と認識することから、次の一手が始まる。しかし、「弱者」が、いきなりビジネスの話をしても、初対面の相手に聞いてもらうのは難しいのが現実である。ご存じのように、デキル営業マンは、商品の説明をしようとはしない。その代わり、世間話が得意である。

また、自社の商品とは関係なく、相手の欲している情報を提供する。そうした一見無駄とも思える会話を重ねることで、人物を信用してもらうのだ。繰り返しになるが、物を売らずに人を売っているというわけだ。

自動車や生命保険の優れたセールスマンは、「売り込もう」とはしない。車にしろ、保険にしろ、たいていその名前は「誰もが知る会社」である。本書で言う「名刺強者」である。にもかかわらず、デキル人は最初から仕事の話はしない。いつも世間話をしている中で、人間として信頼してもらう。そして、「買うならあの人から」という心を掴んでいる。

ましてや、「名刺弱者」であったら、なおさらのこと。「売り込もう」とすれば相手は退いてしまう。

では、どうしたらいいのだろう。それは、あなたの「人柄」を伝えることだ。そこで、一般的な名刺（ビジネス専用）とは別にもう1枚、「プライベート名刺」をつくることを提案したい。

そこには、仕事とはまったく関係のない「あなた自身」のことを記入する。おそらく、パッと思い浮かんだ人も多いことだろう。フェイスブックや、ブログのホームページのプロフィールのことを。出身校、出身地、誕生日、血液型、趣味、好きな本・映画・食べ物などを記載した名刺をつくるのである。

人は初対面の人と会って会話をする際に、誰もが知らず知らずのうちに思考している。

「この人との共通点は何かないかな」

と。たとえば、名刺を受け取ったとき真っ先に住所を見る。「ああ、蒲田ですか！学生時代に住んでいたことがあります」と言ったら、相手の目の色が変わることは間違いない。

これは、日常茶飯事で経験済み。

「え！どのへんですか？……駅前ですか。ひょっとして近くのコンビニで会っていたかもしれませんよね」

それがきっかけとなって話が盛り上がる。会話とは、付き合いが浅ければ浅いほど、「共通項」を見つけることが重要になる。会社名と住所・電話番号と名前しか書かれていない普通の名刺では、お互いに「共通項」を探すことが困難である。

そこで、自分の個人のプロフィールを公開することで、相手に「共通項」を探してもらうのである。出身大学や出身地が同じだったら、いきなりお互いの距離が近くなることは間違いない。

相手だって、同じことを考えている。「どうしたらこの人と親しくなれるだろうか」と。こちらから、「共通項」の話題を提供してあげることは、相手に対する思いやり、サービスでもある。

プライベートの名刺をつくる際、できることならプライベートの「得意技」や「はまっている趣味」「今、1番興味があること」など、ちょっと深掘りしたテーマを載せたほうが相手の心のアンテナに引っかかりやすい。

写真の笑顔が最高！ ビール好きなら、プライベートでもぜひ一緒に飲みに行きたくなるもらって嬉しい名刺だ

前章でも述べたが、ここでも具体例を書き出してみよう。これは、私の周りの友人たちの「得意技」である。

●素人マジック歴12年
●大の猫好きで、いつも写真をブログに掲載している
●太っているが、何度もさまざまなダイエットを繰り返している
●毎週末のように、友達家族とキャンプに出かける
●娘の学校のPTAの役員を3年やっている
●家庭の節電・エコの研究家
●おやじバンドで、インディーズでCDを発売した
●日曜料理家……男子厨房に喜んで入る
●ランチを食べるたびに、ブログで紹介している

相手との「共通項」を提供するのが目的なので、あまり突出したことを書いてもただの「自慢話」になってしまう。コツは、「自慢」にはならないけれど、ちょっとだけ「得意」

なことを書くことだ。

さらに言えば、その「得意技」で相手の何かの役に立てたら、プラスアルファとして申し分ない。「出張マジックをやります」などとアピールしたことがきっかけで、「家の近くの老人ホームでボランティアでやってくれませんか」などと、仕事を離れてのお付き合いが始まるかもしれない。

この「プライベート名刺」は、誰にでも、いつでも差し出すというわけにはいかない。ドレスコードと同様にＴＰＯがある。

ロータリークラブなどの企業者団体や異業種交流会などでは、おおよそ受け入れられるであろう。しかし、上司や部下とともに、初めて訪ねる会社で「こんなこともやってます」などと「プライベート名刺」を渡したら、眉をひそめられるのがオチだ。

ちょっとお互いの関係ができあがってから、「実は、こんなこともやっています……」と、おもむろに差し出すのがいいだろう。

肝心なのはアピールのさじ加減

「欲」のない人はいない。「名刺」を渡すのだって、仕事がほしいから、物を売りたいからに他ならない。しかし、その「欲」が前に出すぎると、相手は引く。謙虚で控えめすぎても買ってもらえない。

ブティックでの買い物を想像するとよくわかる。ほんの冷やかしで店に入ったのに、「いかがですか？」とか、「何をお探しです？」などと言って、店員さんに近寄られると「ああ、いいです」と逃げ出したくなる。

かといって、消費者とは勝手なもので、「気に入った服が見つかったがサイズが合わない。LLの在庫がないか尋ねたい」と思っても、店員さんは常連と思しき他のお客さんとの話が終わらず、ちっともこちらに気づかない。「もういい！」と腹を立てて帰ってしまう。

これを「名刺」に置き換えてみる。「買って〜」という匂いが強すぎると、相手は話を早く切り上げようとする。かといって、会社名に名前と住所・電話番号だけの無味乾燥なものでは興味を持ってもらえない。

アピールしなければ、理解してもらえない。アピールしすぎると徒労に終わる。TPOや、その場の雰囲気にもよるので、「ここまでOK」という決まりがなく、実にそのさじ加減が難しい。

ただ、これだけは絶対に注意してほしいことがある。メールマガジンの配信である。異業種交流会で名刺交換をした翌日は、やたらとセミナーの誘いや新商品の案内メールが届く。登録した覚えもないのに。たしかに、こんな一文は付記されている。

「このメールは名刺交換または、各種資料をご請求いただいたお客様に配信させていただいております。今後配信を希望されない方は、お手数ですが「メール配信の停止」より配信停止の手続きをお願い申し上げます」

それが1通や2通ならいいが、その数はどんどん増えていく。メールチェックをするたびにストレスになる。

名刺を渡す際に、一言、「メールマガジンを送ってもいいでしょうか?」と尋ねるのがマナーだろう。または、メールマガジンの前に1通。

「昨日は○○の会で、お名刺を交換させていただきありがとうございました。趣味と仕事の両方で役に立つ、ちょっと面白いメールマガジンを発行しています。このあと配信させていただきますので、ご覧くださいませ」

このくらいの挨拶メールがあって然るべきである。

とはいっても、初対面の人に、「不要だから、送らないでくれ」とは言いにくい。つい

「いいですよ」と言ってしまう。すると、読まないのに受け取らなくてはならなくなる。「配信停止」のメールを送ったら、きっと嫌われるんじゃないかと心配になる。なんと、配信停止方法が記入すらされていない場合もある。

なぜ、配信停止の申し出がしにくいかというと、実は、こちらにも後ろめたい気持ちがあるからだ。

1つには、こちらもメールマガジンを配信したり、またはブログを書いていて読んでもらいたいと思っていること。

さらに、「ひょっとすると、この人は将来自分のお客様になってくれるのではないか。買ってくれるのではないか」という下心があるからだ。そのため、メール配信の停止手続きをためらってしまう。結局、「迷惑メールまがい」の登録ばかりが増えていく。

かといって、メールマガジンがよくないと言うのではない。その内容が、下心見え見えの商品紹介であることに問題があるのだ。

前述したように、物を売るのではなく人を売るための「プライベート名刺」に綴るように、趣味についてなら問題はない。また、ビジネスの内容であっても、自社の商品ＰＲではなく、誰もが仕事で役立つ自己啓発やビジネスヒントなら読んでもらえることだろう。

ところが、メールマガジンならまだいいと思ってしまうようなことがときにある。

パーティの席で、あるお煎餅屋さんと名刺交換した2日後に、注文書付きのカタログ一式が送られてきたことがあった。

他にも、健康食品のサンプルが届いたこともある。相手は、カタログを送ることが逆の効果にもなりうるということを考えないのだろうか。万一、「送ってもらってありがとう」という電話がかかってきても、それは社交辞令に過ぎない。

おそらく、個人情報保護法の兼ね合いで住所データが手に入りにくくなっている点も、こういった手法に拍車をかけている要因だろう。だが、名刺交換の場が住所データの収集場所と思っているのであればそれは大きな勘違いだ。

誰にでも下心はある。でも、心の奥底にしまっているか表に出すかでこの先の付き合い方が変わってくる。せっかくの出逢いを自らの手で潰してしまわないようにしたい。

大きな効果を発揮する「PR名刺」

前章で、スーパーマーケットの新聞折り込み広告のように、なんでもかんでも詰め込んだ「チラシ名刺」をつくらないようにと忠告した。しかし、なんとか相手に自社の商品のことを伝えたい。次の機会まで待てない。初対面であっても、アピールしたい……。そんな読者も多いことだろう。そんな人のためにオススメなのが、この名刺である。これを筆者は「PR名刺」と名付けた。

初対面の人には、まず普通の名刺を渡す。そこで、歓談するうちに相手の仕事や人柄がわかってくる。話を聴いていると、お子さんの高校のPTAの役員をしていることがわかった。なんと、その学校が甲子園に行くことになったという。そこで、別れ際に、「もし、よろしければお声がけください」と言い、さりげなくオリジナルデザインのプリントTシャツの「PR名刺」を手渡すのだ。

実は、これは私の会社がウリの1つにしている名刺でもある。

以前、私の同業者が合同でプリントTシャツの販売をすることになった。そのとき、「チラシをつくっ

Tシャツ価格(税別)		
枚数	単価	金額
5	3,800	19,000
10	2,800	28,000
20	1,800	36,000
50	1,500	75,000
100	1,200	120,000

ポロシャツ価格(税別)		
枚数	単価	金額
5	4,500	22,500
10	3,500	35,000
20	2,500	50,000
50	2,000	100,000
100	1,800	180,000

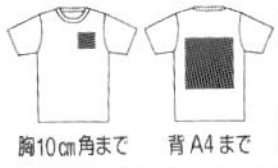

●サイズはS・M・L・XL取り混ぜOK!
●一般フォントにて制作の場合は、データ作成料サービスします。ロゴ使用の場合は内容により3,000円から申し受けます。
小ロット・特注等なんでもご相談下さい!

これが忘れた頃に大きな仕事をしてくれるPR名刺だ。何よりも捨てられないということが大切になる

ても効果は薄い。何か違った売り方をしよう」ということでつくったのがコレだ。

表の会社名と電話番号は各社入れ替えで、その他の部分はすべて共通である。

この「ＰＲ名刺」を初対面の人だけでなく、何か会の代表や役員をしていたり、会社の営業や販促の仕事をしている人たちに手渡した。

残念ながら、配ったその年はまったくと言っていいほど反応がなかった。この手法はダメだったとあきらめていた翌年のことである。

「岡田さん、まだＴシャツやってる？」

という１本の電話がかかってきた。それは、Ｔシャツの注文だった。

その注文を皮切りに、次々と注文が押し寄せ、他には何も宣伝していないのに、「バンドのＴシャツをおそろいでつくりたいんだ」「演歌歌手の後援会なんだけど」「還暦祝いのＴシャツがつくりたいんだけど」といった具合に、あちらこちらから注文が殺到した。結局、2〜3カ月の間に１０００枚以上販売することができた。衣料品量販店へ卸売をしているわけではなく１００％受注販売なので、たいへん利益率の高い仕事になった。

チラシだと、そのときに必要がないとポイ捨てになってしまう。ところが、この成功の元は、「名刺サイズ」ということにあった。お客様の名刺ホルダーの中にしまわれた後も生き続けて、そのまま営業してくれたのだ。そして、「ああ、そういえば！」と思い出して電話をくれたというわけである。

この「PR名刺」のポイントはただ1つ。たくさんの商品を盛り込まないということ。何度も繰り返すが、それでは「チラシ」になってしまう。商品は1点に絞ることだ。このビジネスモデルの成功から、あちこちの会社の販売促進の相談を受けるごとに、「PR名刺」の作成をアドバイスしている。

この名刺で注文が増えた「オリジナルラベルのミネラルウォーター」と、「オリジナルエコバック」の2つのデザインを紹介しておこう。

名刺はチラシではない。しかし、「PR名刺」として使うことによって、チラシよりも大きな効果を得ることができるのだ。

ミネラルウォーターとオリジナルエコバッグのPR名刺。どんな業態でも活かせるのがPR名刺だ

「名刺強者」の大企業でも、名刺にこだわろう！

誰もが知る名前の大企業は、おおよそスタンダードな名刺である。企業名・所属と肩書き、住所、名前、電話番号、ＦＡＸ番号、メールアドレス、ホームページＵＲＬ、企業マーク。これに加えて、ＩＳＯや「再生紙を使用しています」といった一文を入れて、企業のイメージアップをはかる程度。商品のＰＲをするような写真や文字は、ほとんど見たことがない。

この点は、日頃からとても残念なことだと思っている。たしかに、大企業に勤める人は、初対面の人と話をする際に、「うちはこういうモノをつくっている会社です」などと説明する必要がない。これが、「名刺強者」たる由縁だ。しかし、本当にそれでいいのだろうか。「名刺は広告である」と言った。さらに、「１対１の名刺交換も、積もり積もれば山となる。１０００枚渡せば、１０００人に対して『広告』を打つのと同じである」と説いた。

このことは、「名刺弱者」も「名刺強者」も一緒である。相手が、自社の存在を知っているからといって、ＰＲしなくてもいいということにはならない。その証拠に、大企業ほどテレビ、新聞などで大々的な宣伝活動を行っている。

家電や自動車、繊維、食品などの大手製造メーカーは、何千、何万人の社員がいる。社員が名刺を使うのは、会社の仕事の場合だけではないだろう。

会社帰りに夜の街に出かければ、スナックやクラブでお姉さんに名刺を渡すこともある（厳密に言えば、社則違反であるが大目に見られている）。休日に草野球や俳句など趣味のサークルの仲間に名刺を渡すこともある。学校のＰＴＡやマンションの管理組合でも名刺交換するだろう。もちろん、異業種交流会や勉強会に参加する人もいる。

会社の取引先とは離れた利害関係のない人たちとの付き合いで、普通の名刺を渡していてはもったいないではないか。

たとえば、飲料メーカー。社外の人と会うときに配る名刺を、社員に持たせてはどうだろう。通常の名刺の余白に、「お歳暮は○○ビールをよろしく」と書かれたシールを貼る。

これではいかにも宣伝ぽいというのなら、テレビＣＭで放映中の「○○ビール」をグイッと飲み干している女性タレントのワンショットのシールでもいい。それを渡された人はきっと、「僕、この女優ファンなんですよ～」と言い、話が盛り上がるかもしれない。たわいもないことだが、これが肝心なのだ。

人は、物を買おうとしたとき、ほとんどの場合決まった行動をとる。知っている人から買おうとするのだ。たとえば、2軒のコンビニが並んでいる。一方のお店では、友達がアルバイトをしている。よほどその友達と仲が悪くない限り、友達の働いているほうで買おうとする。それは、ときに不可解な事態をも引き起こす。同じ値段ならともかく、友達がいるお店のほうが値段が高くても、そちらの店で買うことがあるのだ。

先ほど、ビール会社の社員が渡した名刺を例にすると、受け取った人は、「今年のお中元は何にしよう」と思ったとき、テレビCMと名刺のシールが連動して友人の顔を思い浮かべる。そして、その友人の会社のビールをお中元に選ぶ。当然、「買って〜」と頼まれたわけではない。

あるとき、仕事先で打ち合わせの休憩中に、たまたま「車を買い替えようと思っているんです」という話をした。すると、取引先の人が、「それなら、ぜひ、○○の車にしませんか。販売店を紹介させていただきます」と言う。

聞けば、取引先は自動車メーカーのグループ会社で、日常的に「紹介キャンペーン」を行っているのだという。もし、筆者がその販売店で買ったとすると、筆者にお礼として商品券のプレゼントがあるという。ここから先は聞けなかったが、ひょっとすると、その取引先企業もなんらかの紹介料なる名目のマージンが入るのかもしれない。

噂には聞いていたが、紹介してもらったのは初めてだった。どうせやるなら、もっと組織的に、大々的に紹介キャンペーンを張ればいいのにと思った。自動車関連産業の裾野は広い。そのグループが一丸となり、全社員の名刺に「車を買い替えるなら、ひと声おかけください！　サプライズ・プレゼント‼」と刷り込めば効果的である。

大企業ゆえに、体裁を気にしているのだろうか。それとも、企業イメージの関係だろうか。物が売れない時代、そんな余裕はないはずだ。

もし、本書の読者の中に、「名刺強者」である大企業の総務課の方がいたとしたら、全社員、全営業マンというくらいの心持ちで名刺を活用することを提案したい。

せっかくなので、もう1つ、大企業の名刺にものを申し上げたい。

組織が大きくなると柔軟性に乏しくなる。本社で全国の支店、全社員を管理統括しようとすると、自ずと画一的な対応になってしまう。

たとえば、メーカーの場合、製造部と営業部では外部で接触する人間が異なる。にもかかわらず、同じデザインの名刺を使用する会社が多い。聞けば、本社でまとめて扱っているので、勝手にセクションごとに発注できないのだという。

ぜひ見直してみてはいかがだろうか。できることなら、「プライベート名刺」をつくりたいという社員に、補助金制度などを設けて奨励するのもいいだろう。

名刺交換は自己表現の大チャンス

新入社員研修で必ずといっていいほどレクチャーを受けるのが、名刺交換のマナーだ。目下の人から先に差し出す。ただし、上司の同伴で訪問する際には、上司の後で渡すようにする。「頂戴します」と言って、名刺入れを台にして受け取り、その後は名刺入れにしまわずテーブルの上に置く。

そんなふうに細かな指導を受けた人も多いことだろう。それらは、マナーを教える講師やマナーの教本に任せるとして、本書ではビジネスがうまく運ぶための名刺交換の仕方に特化して述べたい。いわば、名刺交換の際に人の心を掴む方法である。

名刺交換で人の心を掴むコツ① 自分から動いて渡しに行こう

テーブルや椅子がある部屋で名刺交換をする場合は、そのテーブルをぐるりと回って、相対する人との間に障害物がない状態にして渡すのが好ましい。これも、一般的な名刺交換のマナーの1つである。

そのとき、相手が動く前に、「こちらから」サッと駆け寄って受け取りに行くとよい。大ベストセラーになった『人は見た目が9割』（新潮新書）の中で、著者の竹内一郎氏は「仕草の法則」としてこんなことを説いている。

自分が歩いていけば済むようなことも、「○○君、こっちに来たまえ」と呼び付ける。そういう人は、仮に立場が上の人であっても、実は能力がないことを表現しているという。縄張りの中にずっといたがる人物は、自信がない現れなのだという。

反対に、有能な経営者は社長室にこもってばかりはいない。現場によく出る。自信があるからそれができる。

仕事に自信があるリーダーは、職場の中でも同じ。何かあればスッと部下の席まで行く。これは、「私は、自分の縄張りの中で自分の権威を守るよりも、部下の能力を引き出そうとする人物なのだ」ということを周りに伝える演出につながる。

これを名刺交換に置き換えてみよう。

こちらが目下の場合に、サッと飛んで行けば無意識の中にも、「おっ、デキル奴だな」という印象を与えられる。もしこちらが相手よりも目上の場合なら、「エライ人が、向こうから来てくれた」と思ってくれる。

もちろん、これは「こうすれば、こうなる」という見返りが確実な行動ではない。しかし、初対面の人同士というのは、常に「この人はどういう人だろう」と五感を総動員して情報を収集しているものなのである。

たかが、数歩の距離をこちらから歩いて行くだけのことで、「謙虚」「素早い」「細やか」などといったプラスのイメージを植え付けることができるわけである。

名刺交換で人の心を掴むコツ②　まず相手の話を聴いてみよう

多くのビジネス書やセミナーでは、いかに自分をアピールするかが大切であるかを説明している。ここでは、正反対のことを提言したい。

初対面の人と名刺交換をすると、短い時間で「自分がどんな仕事をしていて、得意技は何か」を伝えることばかりを考えてしまう。

しかし、こちらがいくら熱心に説明したとしても、ほとんどの場合はスルーされている。

そこで、相手の話を聴くことに徹するのだ。聞き上手は話上手という。この真意はどこにあるかというと、「話を聴いてくれる人は、いい人だ」と心理的に思い込んでしまうことにある。

なかには、初対面の人と話すのが苦手という人もいる。そんな場合は、次から次へと質問攻めにするのである。「最近のヒット商品はなんですか？」「お忙しいですか？」などと、仕事のことを話させるように誘導する。おしゃべりが好きな人はもちろん、話下手な人ほど話を聴いてもらえたときは満足感が得られる。

よくこんなことがある。パーティの席で初めて出逢った人と10分くらい立ち話をする。途中で、「あっ、私ばかりしゃべってしまってごめんなさい」と。この一言に、「話を聴いてあげる」ことの利点が集約されているといってもいいだろう。

話を聴いてくれる人は、「いい人」だと思い込む。さらに、自分ばかりしゃべってしまって申し訳ないという感情が生まれる。そうなればしめたものだ。

「もっと続きのお話を伺わせてください。会社をお訪ねしてもよろしいでしょうか」

と言えば、まず断られることはない。

このとき、相手の話をじっくり聴いているので、それを参考にして訪問時に相手の欲する提案をすることも可能になるだろう。

名刺交換で人の心を掴むコツ③　メモをしよう

日本人は、名刺を神聖なものだと思い込んでいる。たかが、名前と住所などを印刷している紙切れである。それなのに、人間の分身のように扱う。

これがマスコミを賑わせる大問題に発展したことがある。田中康夫氏が長野県知事に当選して初登庁したときの「名刺折り曲げ事件」である。田中知事から名刺を差し出された企業局長が、「自分の部下に名刺を渡すのはおかしい」と言って受け取りを拒むと、知事は「メールアドレスも書いてあるから」と言ってさらに差し出した。局長は、名刺を受け取りはしたが、メールアドレスのところで折り曲げたという出来事である。

なんのことはない。名刺を横に折り曲げただけのこと。しかし、この場面がテレビで流されたことで、日本中から長野県庁に苦情が殺到した。「けしからん！」と……。

このことの是非を問いたいのではない。名刺というのは、多くの人がいかに大切なものであるかと信じ込んでいる証明のようなエピソードとして紹介した次第だ。

また、人気コミック『常務 島耕作』（弘兼憲史・講談社）では、こんな場面もあった。

日本の企業のトップが中国の企業を訪問した。ところが、相手は以前から合弁企業の出資比率のことで日本の企業を不満に思っていた。名刺を受け取るなり、名刺をビリビリと破いてしまった。これに腹を立て、2度と行かなくなったというのである。

これほど大切に扱われる名刺。だからこそ、そんな名刺に何か書き込みをするのはタブーだと言われている。相手に「落書き」されたと不愉快に思われてしまうのである。

しかし、このタブーは進んで破るべきだと提案したい。

「その新商品の名前は何ですか？　帰ってから検索してみます」

「え！　再来週がお誕生日ですか！」

質問の答えを聞くたびに、次々と名刺にメモする。すると、相手は間違いなく思ってくれる。

「ああ、私のことに、こんなにも関心を持ってくれるなんて」と。

すると、さらに話が盛り上がる。

もちろん、書き込む前に、「失礼ながら、お名刺にメモさせていただいてもよろしいですか？」と一言付け加えることが必要だ。

達人は季節ごとにデザインを変える！

パーティで、よくこんなことがある。名刺を差し出そうとすると、

「あっ、以前、頂戴したことがありますよね」

と言われ、一旦出された名刺を引っ込められることがある。たしかに、どこかで会ったことがある。しかし、思い出せない。仕方なく、「あっ、失礼しました。そうでしたね」と言い、胸の名札をチラッと見て考えるが思い出せない。

そんなとき、臆することなく、「もう1度、お名刺を頂戴できますでしょうか」と言って、こちらの名刺を差し出せ

「あたたかくなってきましたね」といった天気の話題は、会話のきっかけとなる。だからこそ、名刺に季節感を持たせるアイデアは秀逸

ばいいのだ。名刺交換は1度限りという決まりはどこにもない。

これは、相手を思い出せない場合の例だが、2、3度会って名前を知っている人にも、今1度名刺を差し上げることで、会話のきっかけをつくることができる。そのため、何種類もの名刺を常備しておくといいだろう。

著者は以前、7種類の名刺を持ち歩いていた。何度目かに会ったときには、「これはお持ちですか？」と言って差し出す。

中部経済新聞に勤務する傍ら、「不定期ビジネスニュース」という情報メルマガを配信している三ツ口洋一氏は、季節ごとにデザインを変えた名刺を使っている。春はつくし、冬は雪だるまというように、何度も同じ人に渡すことを想定して工夫しているのである。

フェイスブックとの連動を考えよう

名刺交換をすると、よく「フェイスブックをやっていますか？」と聞かれる。そして、「お友達の申請をしてもいいでしょうか」と言われ、「はい」と答える。初対面の人に対して「いいえ」とは言えない。

しかし、あちこちで同様のことを言われるので、「友達」申請されても、それが誰だったのか思い出せないことがしばしばだ。

フェイスブックで３０００人の友達がいるとか、ツイッターで４０００人のフォロワーがいると言われても、その数を増やすことに情熱をかけているだけだったりする。

ネット上の「友達」は、リアルな世界の「友達」とイコールではない。にもかかわらず、「友達」の数が増えると、人脈家になったような錯覚に陥ってしまう。これも、ネット依存症の症状の１つかもしれない。

マーケティングアイズ株式会社代表取締役の理《り》央《おう》周《めぐる》氏に聞いた。理央氏は、インディアナ大学経営大学院でＭＢＡを取得後、ジュピターテレコム、アマゾンなど外資系を中心とした11社でマーケティング・マネージャーを務めた経験の持ち主である。

そこではもちろん、ネットを使ったマーケティング戦略は欠かせなかったという。それが、現在の仕事にも活かされ、フェイスブックの達人と言われている。

それでも、帰国後に経営コンサルタントと講師として起業したときには、まったくのゼロからの出発。ブログが月10万アクセスあったそうだが、すぐにコンサルティングの顧問契約や講演の依頼には結びつかなかった。そこで、積極的にさまざまな経営者会やビジネスの勉強会に出席し、人的ネットワークを構築しようと努力したそうだ。

そのとき、もっとも重要だと思ったのは、実際にお会いした後にも「名刺に仕事をしてもらう」という点だったという。

コンサルティングの依頼をする企業経営者にとって、年間での顧問契約はかなりの投資額となる。よって、即決するというわけにはいかない。したがって、相手に熟考してもらうために、名刺の裏にはできる限り詳細な自社と「私自身」に関する情報を入れた。「もっと知りたい」と思った人たちが、ホームページへとやってくるわけだ。

そして、自分のことを思い出してもらえるようにと、写真を入れる。その名刺と同じ写真が、ホームページにも使用されていて、「名刺」との連動性を印象づける。

さらに重要なポイントは、専門分野であるところの「マーケティングに関する情報」を発信している、ブログ、フェイスブック、メルマガのアドレスを名刺に載せたところだ。

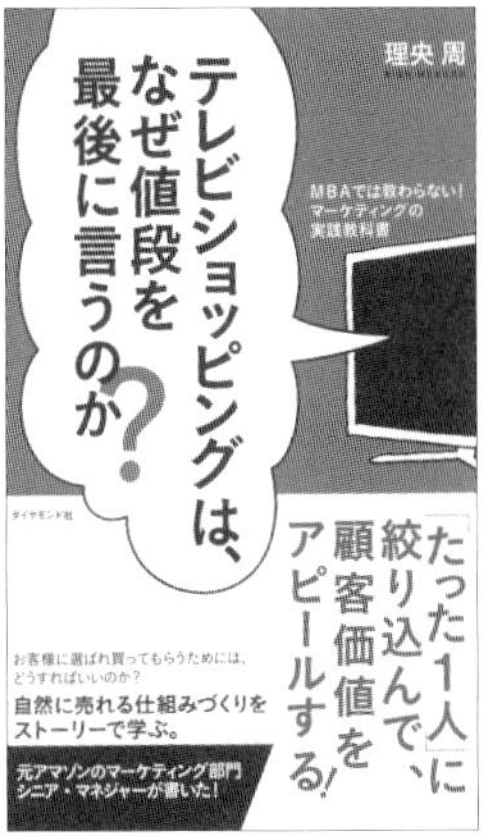

自著を名刺から購入できる工夫は、マーケッターならではの発想

ここ数年でのフェイスブックの人気度と注目度は高い。講座に来てもらった参加者の大半が、理央氏の名刺を見てフェイスブックでの「友達」申請をしてくれるという。それは、印象に残る名刺、フェイスブックへと続くことを想定しての名刺づくりをしている結果だ。

ただ、ここで忘れてはならない重要なことがあるという。それは、「リアル＝実際にお会いすることが先、フェイスブックは後」であるべきだということだ。ビジネスは、人と人が行うもの。フェイスブックやツイッターは非常に便利なツールだが、あくまでも「知り合った後」で、お互いに情報を発信してコミュニケーションをとるべきツールだという。

それを勘違いしている人が多い。ネット上だけで「友達」をたくさんつくり、たまにそのうちの１人と実際にアポを取って会う。順番が逆だ。人脈を構築し、仕事につなげていく場合には、やはり「人」を中心にすべきで、その起点になるのはやはり「名刺」なのだという。名刺に「後で仕事をさせる」という意味はここにあるのだ。

理央氏のような、インターネット先進国のアメリカでマーケティングの現場で活躍してきた人が言うだけに重みがある言葉だ。

よくよく考えてみると、フェイスブックなどのネットメディアは、スマホやパソコンを通して回線がつながっていなければ見ることができない。便利なようで、「見る側」＝お客様も回線がつながっていなければ見られない。非常に制限されているメディアであるという見方もできる。

その点、「名刺」は、回線や機器や電源も必要なく見ることができるという点においてはとても優れている媒体だろう。

マーケティング活動もこれと同じで、複数の媒体を組み合わせて相乗効果を出すことが重要になる。理央氏いわく、

「これをクロスメディア戦略と言います。媒体の特徴を考えた上で最適なタイミングでテレビCMを打ち、新聞などに広告を出すことで効果を高めていくわけです。名刺はこれに加えて、会った人に直接渡すものという大きな利点があります」

まず、直接会い、人柄を知ることが必要であり、その第一歩が「名刺」なのである。

（参考図書）理央周著『最速で結果を出す人の「戦略的」時間術』ＰＨＰビジネス新書

検索ワードを工夫しよう

名刺交換をすると、多くの人が、「ホームページをご覧ください」と言う。しかしいざ、URLを入力しようとするとイライラする。「-（ハイフン）」とか「_（アンダーバー）」の位置に戸惑う。小文字と大文字、「.（ドット）」1つの間違いでエラーになる。

ほとんどの人が、アドレスなど入力したくないと思っているに違いない。一発で出てくる「検索ワード」があれば、この問題は解決する。

にもかかわらず、これを意識せずに名刺をつくっている人がいまだに多い。1番わかりやすいのは、

「○○○○↑検索」

と名刺に入れている人。これを打てば必ず出てくるという言葉があれば簡単だ。それが、個人の名前だったり、会社名であるのが望ましい。

しかし、たとえば「加藤建設」だとそうはいかない。試しに検索してみると750万件ほどヒットした。「加藤建設　東京　品川」と語彙を増やしても、6500件だった。もしあなたが、鈴木一郎だという名前だとしたら、メジャーリーガーのイチローよりも上に来

ることは不可能と言い切れる。

そこで、一発検索のキーワードを名刺に入れる工夫が必要になる。

筆者の場合だと、大手新聞社のサイトで7年余りにわたって連載していたコラムのタイトル「パソコンのつぶやき」と打ち込むと、トップはその新聞社のサイト、2番目には筆者のフェイスブックが表示される。「名刺」から「ウェブ」へ実にスムーズに連動しているわけだ。

「一発検索」できるあなただけのキーワードをぜひ考えてみてほしい。

ほほ～ へぇ～
「名刺」コラム

その②「名刺代わり」のススメ

志賀内泰弘

よく初対面の人に「名刺代わりにどうぞ」と言って、手土産を渡したりする。

もちろん、「名刺代わり」と言っても、名刺を忘れたから「その代わりに」という意味ではない。この場合、「お目にかかれて幸せです。この出逢いに感謝して、わずかばかりですが気持ちを形にしました。どうぞお受け取りください」という意味が込められている。

よくあるのは、引っ越しのご近所への挨拶だ。古くは引っ越しそばを振る舞っていたが、今ではそれも簡素化。タオルや洗剤、お菓子などを持参して回る。

玄関先でそれを差し出そうとすると、相手は「いえいえそんな……」と受け取らないフリをする。そこを「ほんの名刺代わりですから」と再度差し出すと、「そうですか、では遠慮なく」と言って受け取ってもらえる。

「名刺代わり」というのが、「心ばかりの気持ち」ということをお互いに理解できているからこそ成り立っているわけだ。

ビジネスにおいても、初めての訪問先では「名刺代わり」に何か手土産を持って行くのが常識。しかし、それは多くの場合、定番のお菓子だったりする。それではいかにももったいない。よくミュージシャンからはCD、作家からは著書を「名刺代わりに」ともらったりする。それこそ、彼らのオリジナル作品なわけであり、CDや本はその人そのものと言っても過言ではない。まさしく、「名刺」の代わりの役割を果たしている。

せっかく「名刺代わり」と言ってプレゼントするのだから、十分に自分をアピールできるオリジナル性を発揮できるものを選ぶべきであろう。

筆者は、「ちょっと気を引きたい相手」と会うとき、名刺を差し出した後、「名刺代わりです」と言って自分の似顔絵の焼き印が入った煎餅や金太郎アメを渡している。よほどの堅物でないかぎり、「へえ～面白いですねぇ」と言い笑ってくれる。それがきっかけとなり、「これ、どこでつくってるんですか？」などと訊かれたりして話は最初から盛り上がる。もちろん、それが目的だ。

第4章

「じわじわ稼ぐ名刺」とは、ズバリこんな名刺

岡田政広

20文字で伝える自分の「強み」

第2章では、自分の「強み」を活かした「弱者の名刺」のつくり方のポイントを紹介した。それは、お客様を満足させる得意技をたった一言でコピーにすることだ。

それが「パソコンで困ったら」だった。その「たったワンフレーズ」のおかげで、筆者はいつも電話が鳴りやまない日々を送っている。ただし、この言葉をすべての業種に当てはめるには無理がある。自慢になってしまうが、筆者は本当にパソコンに関することなら幅広く相談に乗ることができる。ソフトもハードも。

しかし、たとえば建築業の人が「建築で悩んだら」とか、運送業の人が「運送ならなんでもお任せ」とは言えない。一口に建築、運送といっても細分化されている。よって、筆者の例は参考にはなっても真似はできない。

まずは自分の「得意技」を20、30と書き出してみる。ここまでは同じである。

「田中印刷」という会社があるとしよう。印刷業は、自社で持っている印刷機械によって、こなせる仕事が限られてくる。どんな仕事でも受注することはできるが、設備がなければ外注に出すことになる。自ずと価格は高くなる。直接受ける会社とは競争にならない。チラシ、パッケージ、シール、看板、ポスター、販促ハガキ、パンフレットなど、中小零細の印刷会社にはそれぞれの得意ジャンルがある。

「あれもこれもできる」は、「なんにも（ズバ抜けたことが）できない」ということになる。そこで、「販促物専門　田中印刷」とすれば、相手は「キャンペーンのときに相談してみようかな」と記憶に留めてくれる。

さらに、20文字くらいで説明を入れる。

「クーポン券、招待券プレゼントに抜群のリピート率」（23文字）

と書けば、「何か特別なアイデアやノウハウを持っているのかな」と思ってもらえる。

建設業なら、「リフォームのことなら　○○建設」。もう一歩進んで「強み」を押し出すなら、「省エネリフォームなら　○○建設」とする。最近は、省エネといっても幅広い。もっと「強み」を強調したいなら、「太陽光で省エネ　○○建設」と絞り込む。もちろん、他のリフォームも手がけているわけだが、あくまで初対面でどのジャンルのスペシャリストかを印象付けるためだ。

さらに、こんな手もある。「儲かるリフォームは　○○建設」。おわかりの通り、飲食店や小売店などの店舗設計を手がける建設会社の場合である。

そこに20文字の説明を入れる。「リフォーム後、売上20％アップの実績あり」。

もう一例。

和菓子屋さんにはそれぞれの名物があるはずだ。「茶団子　さとう菓子舗」と書くだけで、相手は明確に商品をイメージできる。下に「有機北海道産小豆で安心をお届けしています」と説明を入れる。

前述の印刷業と建築業の例にならって、ぜひ「強み」のコピーと20文字の説明を入れていただきたい。

「もっと書きたい」という気持ちはグッと抑える。でも、もし相手が興味を示してくれたなら、口頭で説明すればいいのだ。

忘れられないインパクト名刺！

なんと言っても、デザインが変わっていればインパクトがある。99・9％の人の名刺が「普通」の名刺なので、それほど苦労はしない。ちょっとデザインに凝ったりするだけで、目立つのだ。

インパクがすべてではないが、間違いなく第一印象は強くなる。それがきっかけで話が盛り上がる。ここでは、そのいくつかをご紹介しよう。

1．大きさがほぼ半分の横長名刺

建設専門のコンサルタントをしている有限会社ゼネット代表取締役・岩佐卓氏の名刺は、ご覧のように横に細長い。これは、あのホリエモンこと、堀江貴文氏が飛ぶ鳥も落とす勢いのとき、彼を自社のイベントに招いた際にもらった名刺と同じ形状だという。

名刺の形を変えるのは誰もが考えること。しかし、大きすぎると名刺ホルダーには入らない。ハガキや封筒と同じように一般的な規格が決められているので難しい。

ホリエモンは人と違うことをして、企業を起こして時代の寵児となった。いかにも「普通でない」発想の持ち主であることを象徴している。それも、この名刺に限っては、めちゃくちゃのルール違反を犯しているわけではない。ちょっと規格から外れただけだ。

これが細長名刺。ちょっと形を変えるだけで心に引っかかる。簡単なことだが真似する人は意外と少ない

岩佐氏は、「あ、いいな」と思い、それをすぐに真似て今でも使っているという。良いと思ったら、すぐに真似してみる。それも成功の1つのルールである。

2. 手書きの名刺

この名刺の持ち主は、その日に会うであろう人数を想定し、当日の朝、必要な枚数を手づくりしている。ほとんどの人が、

「忙しいのにそんなことをやっている余裕はない」

と言うだろう。しかし、この名刺をもらった人はけっして相手のことを忘れないだろう。「そんな貴重なものをもらってもいいのだろうか」とありがたがる。まるで、アートだ。スクラップブッキングという仕事柄からして特別のケースかもしれない。

筆者は他にも何人かから、手書き名刺をもらったことがあり、たいへん感銘を受けた記憶がある。もっとも、すべての名刺を手書き、手づくりにする必要はない。勝負服のように、「ここぞ」というときに営業にだけ用いるという手もある。

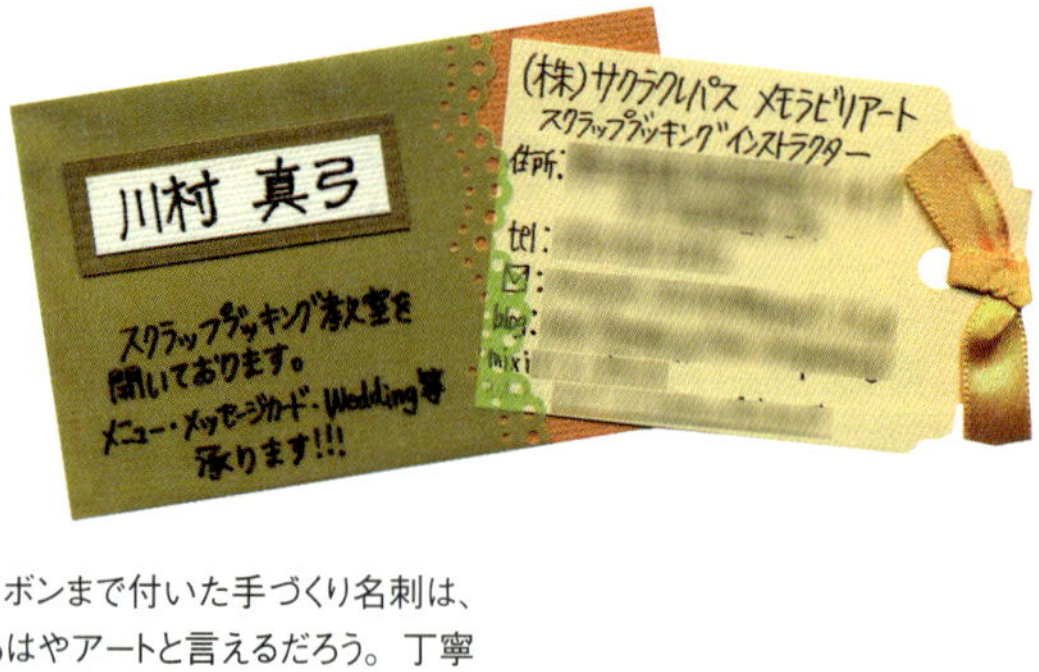

リボンまで付いた手づくり名刺は、もはやアートと言えるだろう。丁寧なつくりが目にも楽しく、思わずほしくなる

他にも、こんな名刺をもらったことがある。

名刺に「その日の日付」が印字されているのだ。その名刺の持ち主も、出かける前にパソコンで必要枚数を「日付入り」でつくってくるそうだ。名刺をもらうと、ホルダーに入れる際に、その後の管理のために日付を入れる人が多い。そのサービスの意味もあろうが、もらった瞬間、「えっ！」と日付に釘づけになる。

これは、相手にインパクトを与えるという点では、手書きと通ずるものがある。

3. 割引だけじゃない割引名刺

仕事で、割引チケット付き名刺をつくらせていただくことが多い。駅前で知らない人たちに配るわけではない。仕事の場はもちろん、勉強会や会合などで、名刺交換をする際に渡すものである。相手が、割引券をもらったからといって、お店に来てくれるわけではない。ただ、「心意気」が伝わるだけでプラスになる。

ここで、「飲み物一杯サービス」とか「餃子一皿サービス」を付けるだけではもったいない。ということで考えられたのが、「イシカワヘアー」の名刺だ。

名前と住所を書いて名刺を持って来ていただく。切り取って、そのまま顧客データの管理カードにする。そしてお客様の手元に残った半券は、切り取った半券と同じ1割引を永久に受けることができるパスポートになるのだ。

4．ちょっと手の込んだコラージュ名刺

2組の写真をご覧いただきたい。

4面の折り畳み式になっている。閉じたときには、社長の上野和彦氏の顔の部分に丸い穴が開いていて、裏側から下の顔が見えるようになっている。また、下の端が少し三日月型になっているため、パッと開いて中を見たくなる。

すると、今度は、坊主頭の社長の顔が出てくる。上には、ハサミとくしのコラージュ（切り貼り）が浮き出ていてインパクトがある。「『髪は心の太陽です』ってどういうことですか？」と尋ねられると、こう説明

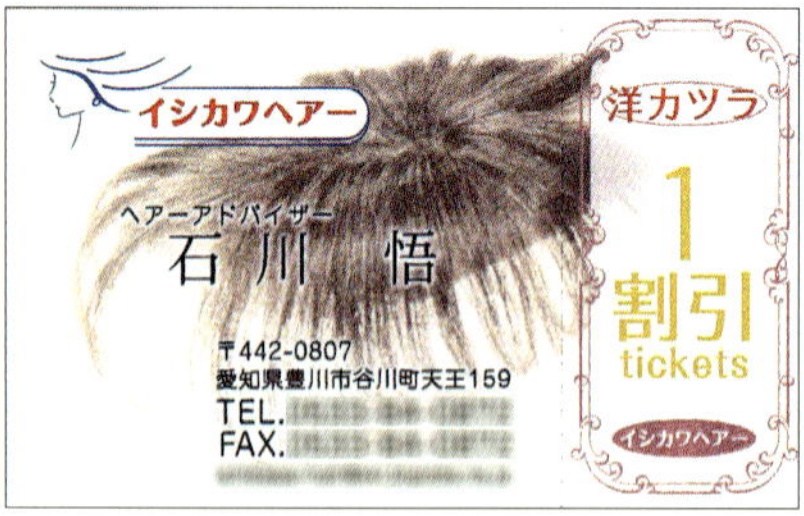

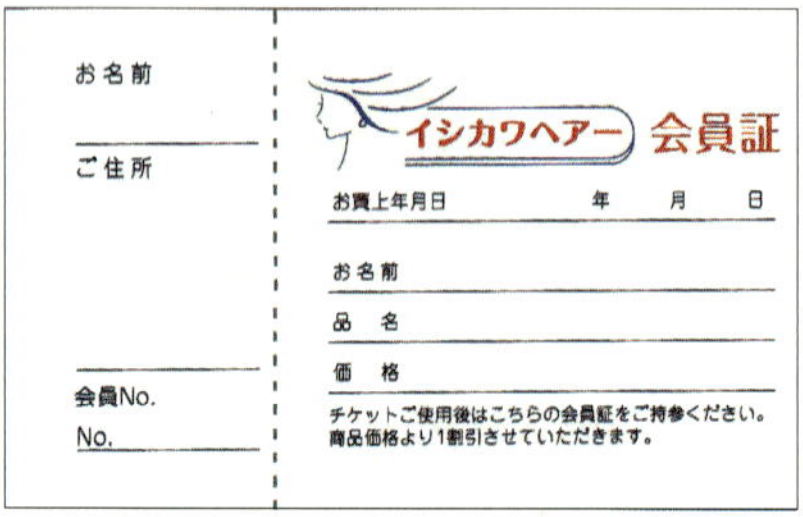

割引チケットだけではなく、お客様からいただいた半券は顧客リストに。そしてお客様の半券は永久パスポートに

する。

「はい、カツラ屋さんです」

「ああ、なるほど！」

自分の仕事を遊び心でプレゼンしたユニークな名刺だ。手間がかかっているだけあって、制作コストは1枚200円する。それでも、カツラという商品は高価なので、PR効果が十分にあることから安いものだと言う。こうして考えてみると、住宅や車、宝石などは、もっと凝った名刺をつくってもいいのではないだろうか。

ファーストコンタクトで、相手にどれだけのインパクトを与えられるかが名刺の役割である。

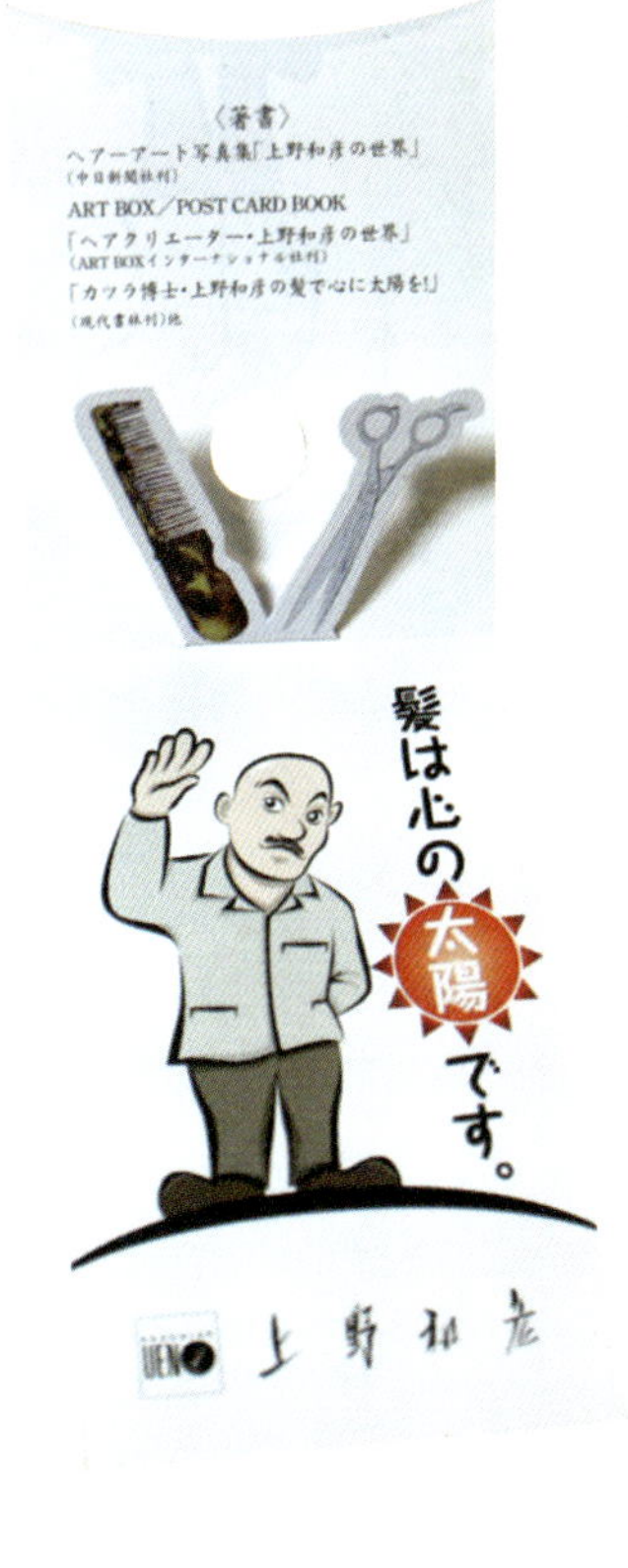

手に取ると顔の周りに段差が見える。
開けてびっくりのオリジナリティあふれる
名刺。もらった人は忘れられない

5. 定形外名刺「干し柿の形」

初対面で自分のことを覚えてもらうため、定形外の名刺をつくっている人がいる。インパクトがあり、たいへん有効なアイデアである。

しかし、難点がある。一般的な名刺のサイズより大きいと、名刺ホルダーに入らなくなってしまうのだ。名刺交換をしたその場では、「ユニークですね」と言ってもらえるが、帰宅して、いざ名刺の整理をする際に相手を困らせることになる。

何度か、1億円札のデザインの名刺をもらったことがある。実に面白い！「こんな名刺をもらったよ」としばらく人に見せていた。しかし、名刺ホルダーに入らない。かなり厚い紙でできていたので、畳むこともできない。しばらくして、住所・氏名・電話番号だけを別の紙に書き写して、捨ててしまった。

ガラスや陶器でできた名刺を使っている人もいる。いずれも、名刺ホルダーには入らない。入らなくても、

干し柿のイラストを表にして渡されたら、とても名刺だと思えない。名刺サイズのセロファンに入るので、整理しやすくありがたい

2枚目の名刺として「その場限りの話題」として活用するならいいだろう。だが、その1枚だけだと、相手に迷惑をかけることにもなりかねない。

さて、写真の名刺だ。干し柿のブランドで有名な長野県の高森町役場に勤める清水衆氏の「干し柿の形」をした名刺である。評判になり、他の職員もつくるようになったという。

ポイントは、定形外ではあるが、クリアファイルタイプの名刺ホルダーには、きちんと納まるということ。外形のタテ・ヨコが定形内なのだ。

そして、清水氏はこの定形外の名刺を定形名刺サイズのセロファンの袋に入れて渡している。こうすれば名刺ホルダーに入れるとき、変形であってもスムーズに納まる。もらった相手のこともきちんと考えているという誠実さもうかがえる。

6．組み立て式の「箱」になる名刺

大阪府門真市の株式会社ヤマシタは梱包・発送業務を請け負っている。この会社の社長、山下洋祐氏の名刺は、なんともユニークで面白い。

ご覧のように、折り畳み式になっていて、1枚ずつ開いていくと、「箱」のような形になって最後に名刺が出てくる。名は体を表すという。梱包の仕事をしているので、自分の名刺を梱包して仕事の内容のプレゼンをしているわけだ。

実は、この名刺は、話題のとっかかりに過ぎない。これはあくまでもミニチュア版。ビジネスとして、興味を持ってくださった方には、カバンから普通サイズ（一般の雑誌の大きさ）の会社案内を取り出して渡したり、後日送ったりする。これもまた、同じようにパタンパタンと開くと「箱」になる。

山下氏は、自分からすすんで名刺交換をしない。あくまでも、自分に興味を持ってくれた方にのみ会社案内を送る。ユニークな会社案内であれば、捨てられることがないのでもらった人の脳裏に残る。もらった

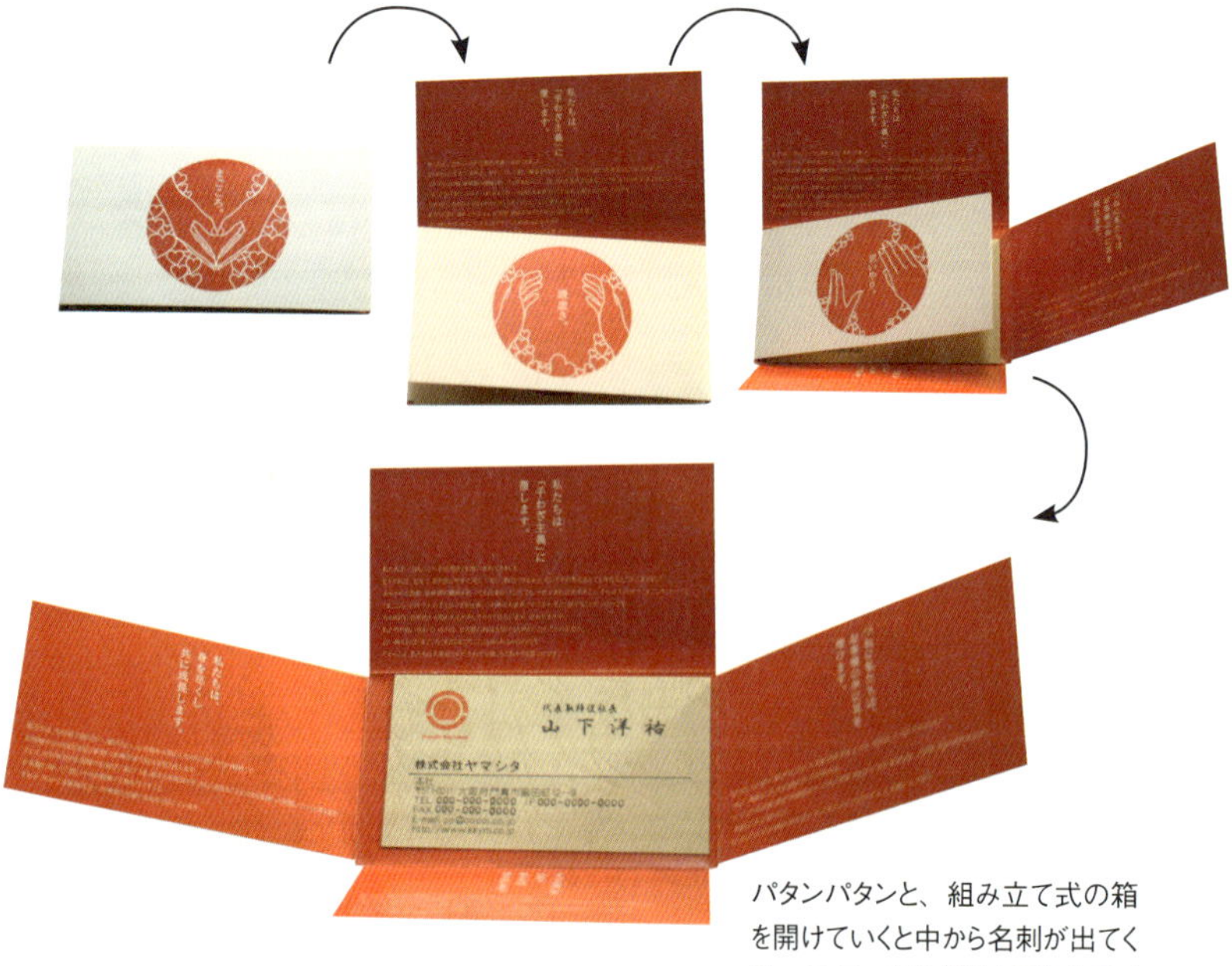

パタンパタンと、組み立て式の箱を開けていくと中から名刺が出てくる。ユニークの極みと言えるアイデア名刺だ

人から直接仕事を依頼されることがなくても、その人が何かの拍子で他の人に紹介してくれて仕事が来ることも多いという。

「名刺」から「会社案内」へと連動しているのだ。

その成果もあり、大手の通販会社の発送業務を一手に引き受けている。

ナンバーワンの「強み」をアピールしよう！

これまで本書で繰り返し説いてきた。20、30の「自分の長所」である「強み」を書き出してみよう。そして、これだけは負けないといった「強み」と言えるモノに絞ってアピールしようと。

世の中には自分と同じジャンルの仕事をしている人はゴマンといる。その人たちに比べて自分が突出したモノが名刺に書いてあると、まず間違いなく受け取った人の琴線に触れる。その内容が、細くて深いほど、相手が受けるインパクトは強いものになる。

その中で、「え！　こんな業種でも、ここまでできるの⁉」と驚いたことがある。それが、この名刺だ。

この税理士さんの「強み」は、「オーナーシェフの為に働く税理士」と謳ったところだ。

そして、裏面を見ると、「ああ、なるほど」と納得させられる。なんと、「元調理師の税理士」と書いてある。フェイスブックを拝見すると、さらに驚く。ビール片手に飲んでいる写真（90ページ参照）が掲載され、「これでもか！」というくらいに飲食に特化してのイメージ戦略を行っている。

飲食店のオーナーしか対象にしないというピンポイントのPRだ。

これを私は「ナンバーワン名刺」と呼んでいる。

この税理士さんは、別に飲食店のクライアントが日本一多いわけでもなんでもない。しかし、相手からすると、「飲食店なら、林先生」というイメージができあがる。それは、同業者に広がり、ますます有名になる。

ナンバーワンとは、「他の税理士ではこんな事務所は1つもないでしょ」という意思表示なのだ。

林会計事務所　裏面もご覧下さい

オーナーシェフの為に働く税理士
林　良江
〒45[redacted]
名古屋市[redacted]丁目[redacted]
TEL 052[redacted]　FAX 052-[redacted]
携帯 0[redacted]
E-mail [redacted]@[redacted].jp

ご縁をいただいたあなたへ
特別優待番号No.127
1回に限り、「**元調理師の税理士**」である私が
無料メール相談をお受けします。
上記番号を件名に記入して[redacted]@[redacted].jpまで
相談内容を送って下さい。

ブログ：http://[redacted]
ツイッターID：[redacted]
フェイスブックID：[redacted]

数々の税理士さんにお会いしたが、こんなにも「強み」を前面に押し出している方にはお目にかかったことがない

何人かの人から、「365日・24時間無休」と書かれた名刺をもらったことがある。「そんなこと書きたくない」という人が大半だろう。ずいぶん以前、「24時間働けますか?」という栄養ドリンクのCMがあったが、いくら不景気といっても今どきこんな企業戦士は珍しい。

そんな人たちのために、1つの例を紹介しよう。

経営コンサルタントで経済評論家のAさんを、とあるパーティの席で友人から紹介された。ケータイ番号と合わせて、名刺に大きく「24時間生涯無休」と書かれていたので驚いた。

「え!? 生涯無休?」

「はい」

「いいんですか、真夜中に電話しても」

「はい」

Aさんは、淡々と笑顔で答えた。

それから、1、2年ほど後のことだ。1通のメールが届いた。

「お名刺を頂戴したみなさんにお送りします」

という言葉に続き、あるテレビ番組にコメンテーターとして出演することが書かれていた。「もし、お時間があればご覧ください」という。知り合いが全国放送の番組に出演することは稀なので、ビデオを撮って見ることにした。

それが皮切りだった。最初は、2、3か月に1度程度のメールだった。

「○○放送の夜10時からの情報番組に出演します」

その間隔は1か月、1週間とだんだんと短くなり、ついには、四六時中さまざまな番組に顔を出すようになった。堅いニュース番組から、それこそお笑い芸人に交じってのバラエティ番組まで。書店でAさんの本を見かけた。新聞社が主催する講演会の案内を見たら、講演者がAさんだった。

出逢った頃、まだ30代前半だったと思う。それこそ破竹の勢い。

「ああ、なるほど！」

と思った。あの「24時間生涯無休」の力だと確信した。

マスコミの世界は、24時間動いている。もちろん、眠らないではいられないが、テレビ番組の収録や新聞、雑誌の締め切りとなれば夜中までかかるのは当たり前だ。そんな世界では、「24時間無休」と言われても、「俺だってそうだゾ！」と言われてしまう。そこへ、「生涯無休」ときた。「いつでもいいですよ、私が生きている限り、電話をしてください。遠慮は無用です」と言う。

つまり、その仕事に対する熱意が、この一言で相手に伝わるのである。いつだったか、Aさんを交えて夕食をともにしたことがあった。何やら落ち着かない様子。聞けば、「電話があったら、すぐにスタジオに飛んでいかなくちゃならないんですよ。24時間、365日。この前も、そうやってせっかく駈けつけて収録した場面がですねぇ、大きな事故のニュースが飛び込んで来てお蔵入りになってしまって……、辛い仕事です」

とのこと。

それに比べたら、決まった時間に出社し、いくら残業が多いとはいえ終電に間に合う範囲で働いている自分の世界はなんと楽なことかと思った。

そこで提案。思い切って「365日・24時間無休」と名刺に謳ってみてはどうだろう。マスコミの仕事ならともかく、それ以外の業界ではそれを本気にして真夜中に電話をしてくる人などいない。いや、もし、電話をしてくれたら嬉しいじゃないか。「パソコンが壊れてしまって助けてほしい。明日の朝までに企画書を提出しなくちゃならないんです」

万一、そう言われたら、私なら眠い目をこすってでも喜んで飛んで行く。それが信頼の証だとわかっているから。

名刺1枚に、仕事に対する「こだわり」と「熱意」も盛り込むことができるのである。

こんな名刺はご勘弁!「名刺べからず集」

ここでは、こんな名刺はダメ名刺の例をお届けしたい。ただし、大いに「私見」なので、読者のみなさんの考えとは相違のある場合は悪しからず。

その① 住所がない名刺

嘘のような本当の話だ。でも、実際に何人もの人から、住所の書かれていない名刺を受け取ったことがある。

そう、ウェブのメールアドレスだけが書かれてあり、（それも小さな読みにくい文字で）自宅や事務所の住所や電話番号が書かれていないのだ。もちろん、個人で何かのビジネスをしている人である。

その1人に聞いてみると、こんな説明をされた。

「私は女性なので、住所という個人情報をオープンにするのは危ないからです」というもの。たしかに危険な世の中になった。言い分はわかる。

しかし、それは社会通念、一般常識において通用しない。名刺を交わす。当然、相手の名刺には住所も電話番号も書かれてある。

それなのに、「私のほうは危険なので住所は書きません。連絡したかったらメールでどうぞ」と、その名刺は言っているのだ（もちろん喋りはしないが）。

初対面の人に向かって、そんな失礼なことはない。わざわざ、「あなたのことを信用できません」と挨拶しているようなものである。こちらが所在を明らかにしているのに、「私は内緒」では失礼きわまりない。

たぶん、その人にも反論があるだろう。今や電子メールはビジネスシーンの常識になった。ウェブなくしては仕事ができないと言っても過言ではない。だから、「メールだけあれば十分でしょ。そのほうが能率も上がるし、相手のためになる」と。

しかし、世の中にはメールを使わない人がゴマンといる。たしかに数は少なくなっているだろうが、50代、60代と年齢が上がるほど、パソコンをあまり利用しないという人の割合が増えることは間違いない。そして、ここで肝心なことがある。

年齢が上の人たちほど、社会を動かしている中心人物なのだ。そういう社会のトップの人たちは、物事の分別があるので、「名刺にご住所も書かれたほうがいいですよ」などと、初対面の人に「おせっかい」なアドバイスをしたりはしない。だから、仕事の成約に結びつかず機会損失を犯す。世の中の常識が、わからないまま歳を取ることになる。

過去に事件に巻き込まれたことがあり、何かでトラウマになっているのだとしたらとても気の毒なことではある。しかし、郵便局の私書箱を契約して活用するとか、友人の会社の中に事務所を置かせてもらうとか、住所を記載する方法はいくらでもあるはずだ。

その② 郵便番号が書かれていない

私は、手紙やハガキを書くのが大好きだ。このデジタル時代だからこそ、アナログの価値が上がるのだと信じている。初めて会った人と名刺交換をすると、必ず、すべての人に

「この出逢いに感謝」という意味のことを書いて、お礼状を出している。

このときだ。

「あっ、この名刺は郵便番号がない」と困るのは。ものすごく困るわけではない。こちらで、調べればいいのだから。しかし、すべての人にハガキを書くという面倒なことをしているくせに、なぜだか、郵便番号をネットや郵便番号帳で調べるのはものすごく面倒に感じる。

いや、ひょっとすると、心の中に、「こんな面倒なことをさせやがって」という苛立ちの気持ちがあるからかもしれない。郵便番号制度ができた当時、たしかこんなキャッチコピーがあった。

「郵便番号も住所の1部です」

いまだに、住所の1部だと認識していない人がいることに驚く。想像だが、郵便番号を記載しない人は、手紙やハガキを書いたことがないのかもしれない。そして、手紙を書く人が、わざわざ郵便番号を調べてくれていることを知らないでいるのだ。

封筒の郵便番号欄を空欄にして出すにはかなりの抵抗がある。郵便局の方が困る。実は、これは名刺に限ったことではない。ホームページでも郵便番号が書かれていないことがあるのだ。

本を読んで感動すると、よくその著者に感想の手紙を書く。出版社気付で出すこともあるが、ビジネス書の著者だと自分の会社のホームページを持っている場合が多いので、そこから住所を調べて書く。

ところが、そこに郵便番号が書かれていないことがある。それだけではない。企業のパンフレットでも、郵便番号のないものを見かけたことがある。

その③　名刺のバックに風景写真

名刺をもらって、「あれ、何だか読みにくいなぁ」と思うことがある。

その1つ。文字のバック全体に、風景写真やらイラストがデザインされているケースだ。それらが邪魔になって、文字が読みにくいのだ。おそらく、ご本人は、「おしゃれでしょ」と思っているに違いない。たしかに、おしゃれだ。

しかし、名刺は「おしゃれ」であるよりも先に、機能的である必要がある。読めなくては話にならない。どうしても、風景写真やイラストをバックに使いたいときは、文字の背後だけを白抜きにして、文字を浮き上がらせるという手法もある。

大切なこと。それは、読みにくくても誰も教えてはくれないということだ。その①の「住所がない名刺」、その②の「郵便番号のない名刺」と同様、その事実を知らないで渡していることほど、恐ろしいものはない。

その④　何をしている人かわからない

「佐藤工業」とか、「佐藤エンジニアリング」という会社名だけを載せている名刺がある。「工業」とか「エンジニアリング」では、いったい何をする企業かわからない。

それが、「山田建設」とあれば、建築屋さんだとわかる。「小林運送」とあれば、運送屋さんだ。しかし、「トータルサポートビジネスネットワークス」とか「クリーンネット開発機構」とかだと、いったいどんな仕事をしている会社なのかわからない（ともに、架空の名前です）。

もちろん、その場で「どんなお仕事ですか」と聞くことになるわけだが、「相手に自分の仕事のジャンルまで聞かせなければならない」という点で、名刺の威力としては不足していると言わざるを得ない。「株式会社ヤマダ」とか「有限会社タナカ」も同じことが言える。

まずは、パッと見て、最低でも何の業界なのかを知ってもらう工夫をすることが大切である。

本章の冒頭でも説明したように、「強み」のキャッチコピーを兼ねてアピールすべきである。「株式会社ヤマダ」なら、その左上に、「耐震構造に自信の建築設計」と書いたり、「有限会社タナカ」なら、余白に、「速い、安い、親切がモットーの運送」というコピーとともにトラックのイラストを添えるとか。

調べてみると、実際に最近受け取った名刺の100枚中、なんと17枚が「何をしているのかわからない」名刺だった。意外に多いことに驚く。名刺は、初対面の人へのプレゼンの道具だ。せっかくのビジネスチャンスを、こんなつまらないことで逃すのは悔しい。

その⑤ 似ていない似顔絵

名刺に自分の顔の写真や似顔絵を載せている人がいる。名刺ホルダーを調べてみると、最近出逢った100人の中で、9人の人が写真か似顔絵を載せていた。

大いに賛成。それは、もらった人の立場になればわかる。名刺をもらって、名刺ホルダーにしまう。もう次の日には、その人の顔を忘れているのが普通だ。

相手に、自分のことを何とか覚えておいてもらいたい。忘れられないようにしたい。そのために、写真や似顔絵は最大の効果を発揮する。さて、ここでその似顔絵の話。残念なことに、その似顔絵がご本人に似ていないことが実に多いのだ。

名刺を受け取って、そこに似顔絵が描かれていると、多くの場合、その似顔絵の話題になる。

「おっ、似てますね」

「どなたに描いてもらったのですか」

などと。10人中5人がこう言う。

「そっくりですね。ひょっとしてご自分で描かれたのですか」

でも、ここで喜んではいけない。相手は、心の中で、

「ぜんぜん似てないけど、そんなこと本人には言えないよなぁ」

と思っているかもしれないからだ。なぜ、そんなことが起きてしまうのか。

「どなたに似顔絵を描いてもらったのですか」

と尋ねると、

「写真を送ると、似顔絵を描いてくれる人を紹介してもらったのです」

似顔絵を専門とするイラストレーターさんに頼んでいたわけだ。営業妨害になるといけないので断っておく。それが、「いけない」というわけではない。ぜひ、名刺には似顔絵を

載せてほしいと思う。問題は、その頼み方だ。ポーンと写真を送るだけだと、写真でしか「顔」の情報が伝わらない。写真は、実物をイコールで伝えてくれるとは限らない。

なぜなのか。

自分で、「写真写り」の良い写真を選んで送ってしまうからだ。人は自分を良く見せたいと思うもの。それは当然のことだが、それが実物とかけ離れてしまう恐れを含んでいる。

また、イラストレーターは、クライアントに気に入られたいと思うもの。1度も会ったことがない場合、人はよけいにそう考える。すると、ちょっとカッコ良く描いてしまう恐れがある。それも最高の笑顔で。すると、実にプロっぽくて、素晴らしい出来の画なのに、結果として似ていない似顔絵になってしまう。

似顔絵の基本とは何か。それは誇張だ。明石家さんまであれば、出っ歯。鳩山由紀夫であれば、宇宙人のような目。特徴をとらえて、悪口を言うかのように誇張して描けば描くほど似るのが似顔なのである。そして、誇張すればするほど、ユニークなものになって相手にウケるのだ。

『週刊朝日』の名物コーナー「山藤章二の似顔絵塾」をご存じだろう。本人が見たら、怒りだすのではないかというほどデフォルメされた似顔絵が入選している。もし、似顔絵を載せたいなら、依頼する絵描きさんにこだわること。そして、絵描きさんと直接会い、「笑ってもらえるくらいに特徴を誇張してください」とお願いすることが肝心だ。

小学校に通う娘さんに描いてもらったという似顔絵を名刺に載せている友人もいる。ひと目で、子どもが描いたものとわかる。似ているとは言いがたいのだが、

「これ娘が描いてくれたんです」

と言われるとほほ笑ましくなる。そして、たったそれだけのことで、その人のことを覚えてしまう。写真や似顔絵も人と同じにならないことが大切。工夫が大切だという証のような例だ。

「じわじわ稼ぐ名刺」は、定期的にバージョンアップしよう

ユーロ危機、円高、震災・洪水などの自然災害など、外的要因により、企業は常に危険にさらされている。どんなに努力しても、為替1円が動けば利益が消えてなくなる。

その1つ、リーマンショックで、筆者の会社もピンチに陥った。それまで稼ぎ頭だった部門の受注量がゼロになり、撤退せざるを得なくなった。しかし、捨てる神あれば拾う神

あり。以前から開拓していた分野の業績が伸び、とんとん拍子に業績が回復。今では、事業の柱になっている。

これにより、「扱う商品」が変わった。すると、名刺に書いてある内容と実際に行っている仕事との間にズレが生じる。

そこで、慌てて名刺のデザインを変えた。こういう業態変更という過渡期は、実に難しい。名刺に何を「得意技」にして書くかが悩ましいところだ。

名刺はたいていの場合１００枚単位で発注する。「もし、また業態に変更があったら」と思うと、なかなかリニューアルに踏み切れない。「前の名刺を使い切るまで」と、つい先延ばしになる。

だが、名刺はビジネスの命だ。１箱、わずか4～5千円程度のことだ。ケチケチせず、ちょっとでも会社の内容が変化したら、迷わずにつくり直すことをおすすめしたい。業態が変わらなくても、「イチオシの新製品」を売り出すときにも名刺をつくり変えるチャンスだ。

さて、リニューアルの際のいくつかのポイントを説明しよう。

まず、自分の仕事の中であまり重きを置かないと思われる仕事を削除してみよう。住所・

電話・ＦＡＸ等は削除するわけにいかない。ホームページアドレスと、メールアドレスも絶対要件……と思う人が多いだろう。メールアドレスはともかく、ホームページアドレスは、並んでいる細かい文字をパソコンに打ち込む人はほとんどいないと言ってもいい。その会社にアクセスしたければ、会社名と住所で「検索」する。思い切って、名刺をスッキリさせるために、ホームページアドレスを削除するというのも１つだ。

名刺に写真を入れている人は、年齢とともに顔が変わってきていることに気がついているはずだ。免許証の更新のときにマジマジと自分の顔を見つめると、良くも悪くも自分が思っている以上に変化しているということに驚いたりする。

あまり名刺の写真と現物のギャップがあると、「嘘くさい」という印象を与えてしまう。自分ではなかなかわからないものだが、ときおり写真も撮り直して載せるように気をつけるべきだ。

もし、あなたの会社にロゴやトレードマークがないのであれば、これを機会に作成して名刺に入れるのもいいだろう。ロゴやトレードマークがあるのに、名刺に印刷していない会社もある。

こういう話をすると、「いやー、そこまでは」と言う人が多い。ファーストコンタクトのイメージは重要だ。また、今までなかったモノが追加されるということは、それが相手に「おっ、変わったな」という印象を与える。

このようにして、足したり引いたりしていくと、だんだん必要事項が明確になりシンプルでカッコイイ名刺ができあがる。そしてほんの少しの変化であっても、「名刺が新しくなりました」という言葉を添えて既存のお客様に渡そう。

「今度の名刺はどこが変わったの？」と言われたら笑顔で変更点を説明し、そのたびに感想をもらえばコミュニケーションツールの役割を果たすことができる。そのとき、相手の名刺ももらっておく。すると、相手もリニューアルしていたりする。ここでまた、名刺談義に花が咲く。

あなた自身も、あなたの会社も常に変化している。

その変化に合わせて、常に名刺をバージョンアップしよう。

借金してでもプロのデザイナーにすべて頼みなよ！

名刺を印刷屋さんに頼まずに、自分で簡単につくれる時代になって久しい。コストもかなり節減でき、素晴らしいことである。

　さて、ここからが肝心。名刺交換をして、名刺をパッと見て、いかにも素人がつくったということがわかるくらい拙い名刺がある。紙質が廉価なため指ざわりが悪く、プリントした文字がにじんでいたり、バランスが悪かったり。手作業で切り取ったせいか、縁の切り目がギザギザになっていたり……。

　何度も繰り返すが、名刺は初対面のプレゼンの大切な道具である。そして、自分の「顔」である。第一印象が大切な場面で、

「名刺の費用を節約するのはいいけれど、もっとちゃんとつくればいいのに」

「この人、名刺をつくってもらうお金もないのかな。それとも仕事がなくて暇なのかな」

　などと相手に思われているかもしれない。

「いや私は、プロ並みのパソコン技術がある」

　という人もいるだろう。しかし、「プロ」と「アマチュア」には見えない壁があり、できあがりに必ず差が生じるのだ。

　ファーストコンタクトで、相手が差し出した名刺を見る時間はほんの数秒だろう。パッと見た瞬間に、あなたのイメージがつくられてしまうのである。それは、相手の五感、そ

して直感によって一瞬で判断される。そこに、プロがつくったものとアマチュアの差が現れるのだ。

名刺作成ソフト付きの名刺用紙が販売されていたり、ネットからダウンロードして使えるフリーソフトもある。しかも、サンプルレイアウトも、「まあまあ」使えそうなデザインである。

しかし、ここで注意が必要なことがある。そのデザインは、「その人のため」につくられたモノではないということ。

あくまでも、不特定多数の人に向けてつくられたものであり、自分の考えをデザインに無理やり合わせて名刺をつくることになるのだ。だから、どうしても、できあがりを見ると、どこか違和感を覚えたりする。

名刺に入れたい内容は基本的には同じ。会社名、役職、氏名、住所、ＴＥＬ、ＦＡＸ、ホームページアドレス、メールアドレス……。ところが、項目は同じでも、住所や名前などの文字数は１人ひとり違っている。それをひとくくりに同じデザインに当てはめようというのが土台無理な話なのである（けっして、筆者が名刺も含めた印刷業を営んでいるからではないので念のため）。

そして、何よりもインクジェットの紙は安っぽく見えてしまうという最大の欠点がある。

では、具体的に、プロの仕事とはどういうことなのか。

名刺はシンプルでストレートにアナタの仕事を表現してくれなくてはならない。でも、当事者はついついあれもこれも載せたくなる。商業デザインの世界では、クライアントの意向に沿った広告づくりがなされる。かといって、優秀なデザイナーは、なんでもかんでもクライアントの言う通りに描いたりはしない。

「見る人」に対する表現手法は、クライアントよりもデザインの世界で生きてきたデザイナーやプランナーのほうが間違いなく優れている。よって、クライアントの意向には十分に耳を傾けるが、クライアントの「伝えたい気持ち」をデザインとして具体化するとき、できる限りシンプルでストレートな表現に変える。そうでなければ、「広告」（名刺）を見る人々に受け入れられないからである。

そこで、見やすい、そして受け入れられやすいデザインにするために、いらないモノを切り捨てる作業をしてくれる。それによって、一般の人が市販ソフトを使ってつくった名刺に比べて収まりがよくなる。

一般の人が使うパソコンに比べ、デザイナーは持っているフォントの種類が圧倒的に多い。また、そのフォントを、時と場合に合わせて自由自在に使いこなせる。

さらに、もっと優れたデザイナーは、コピーライターとしての才能も持ち合わせており、コピーライティングのアドバイスや提案もしてくれる。会社名・住所・TEL・FAX・メールアドレスの他、売りたいモノ・自分の仕事の得意技などを箇条書きにしてデザイナーに渡す。

もしそこで、あなたの会社のこと、商品の特性について突っ込んで聞いてくるようなら、「デキるデザイナー」と言ってもいいだろう。「この顔写真を入れてください」と頼んだ際、「他にも何枚か貸していただけませんか?」と言うような人なら信頼できるだろう。

ある経営者から、こんなことを言われたことがある。

「そんな! 名刺のデザインとか印刷なんて印刷屋さんに頼むお金ありませんよ!」

そう言われて、「この人は、本当にお金がないのかな?」と不思議に思った。車や趣味ではかなり道楽をしているご様子。そういう経営者は、名刺にかかる費用を「余分なモノ」だと考えている。そして、それが自分自身、さらには会社の価値を下げていることに気づいていないのである。

名刺に使うお金は、自分の会社をきちんと表現するための「必要経費」であると発想の転換をしてほしい。素人が、デザインを考えて時間が過ぎていくことを思えば、その時間に自分のお金を稼げる仕事をしたほうが有意義だ。

ちなみに、次頁の2つはTシャツを販売するための名刺をつくったとき、プロのデザイナーと素人によるデザインの名刺である。

プロのデザイナーの名刺を見ていただきたい。目立たせたいところと、伝えたいことがきっちりと表現されている。会社名のフォントが「明朝」系で細いので、「オリジナルTシャツ」と電話番号が目立つよう太い丸文字にして、その他の情報はわかればいいというデザインにしている。

目立たせたいと思う商品の写真をあえて小さくしてスキマをつくり、色彩も肝のところのみ赤色を使う。多くの人が、あれもこれも目立たせたいと思い、紙面に目一杯なレイアウトをしてしまう傾向が強い。しかし、これは見る人の心に圧迫感を抱かせるだけで心に残らない。

印刷の世界に「Zの法則」という言葉がある。人はチラシを見るときに、必ず左上から見てZの字のごとく右に視線をずらし、左下に行きそのまま右に視線をずらしていく。もうおわかりだろう。この名刺は「オリジナルTシャツ」から始まり、最後に視線の落ち着く先が、相手に1番知ってもらいたい「電話番号」になっているのだ。

簡単なようでいて、アマチュアにはできないデザイナーの見せるチカラである。どんなに名刺にこだわって奮発しても、デザイン料は2万円もしない。借金をしてでもデザイナーにお願いする価値がここにある。

では、具体的にどこが違うのかを細かく見比べて解説したい。

①「オリジナルTシャツ」の文字は、アマチュアの名刺では赤色が使われていた。アマチュアは、ついつい赤を使えば目立つと思ってしまうものだが、太い丸文字にして中にオレンジ色をはめ込むと一目瞭然グッと引き立つ。これがプロの技である。

②コピーの語尾を、「作りませんか」ではなく「作ってみませんか?」としたほうが、見る側にとっては柔らかい感じを受

素人の手づくり

Tシャツ価格(税別)		
枚数	単価	金額
5	3,800	19,000
10	2,800	28,000
20	1,800	36,000
50	1,500	75,000
100	1,200	120,000

ポロシャツ価格(税別)		
枚数	単価	金額
5	4,500	22,500
10	3,500	35,000
20	2,500	50,000
50	2,000	100,000
100	1,800	180,000

胸10cm角まで　背A4まで

・サイズはS・M・L・XL取り混ぜでOK!
・一般フォントにて製作の場合は、データ作成料サービスします。ロゴ使用の場合は内容により3,000円から申し受けます。
小ロット・特注等なんでもご相談下さい!

プロのデザイナー

Tシャツ価格(税別)		
枚数	単価	金額
5	3,800	19,000
10	2,800	28,000
20	1,800	36,000
50	1,500	75,000
100	1,200	120,000

ポロシャツ価格(税別)		
枚数	単価	金額
5	4,500	22,500
10	3,500	35,000
20	2,500	50,000
50	2,000	100,000
100	1,800	180,000

胸10cm角まで　背A4まで

●サイズはS・M・L・XL取り混ぜでOK!
●一般フォントにて制作の場合は、データ作成料サービスします。ロゴ使用の場合は内容により3,000円から申し受けます。
小ロット・特注等なんでもご相談下さい!

ける。押し付けにならず、やんわりとすすめるのがポイント。また、文字が写真にかかっている部分は、文字のバックに白い縁取りをして読みやすくなるよう工夫している。

③写真の角を丸くするだけでやさしいイメージが伝わる。

④アマチュアはどうしても、隙間なくびっしりと詰め込みたくなるものだ。見比べれば、空白のおかげでプロのデザインのほうが明らかに見やすくなっていることがわかる。

⑤名刺で重要なのは、これを見た人が注文をしてくれることだ。そのため、電話番号を大きく書こうと思ってしまう。しかし、「伝える」には、大きければいいというものではない。デザイナーは、文字を小さくする代わりに、太くして描いて電話番号のみ目立たせることに注力した。電話番号がしっかりと伝われば、注文先の「担当岡田まで」という表記は、目立たなくても大丈夫になる。

最後に、こんなエピソードを紹介しておこう。とある真打の落語家さんから聴いた話である。最近、アマチュア落語家が増えていて、自分たちで寄席を開いている人たちも多いという。大学生の落語コンテストもある。そのトップクラスになると、まさしく玄人はだし。誰が聴いても大笑いする。

ところが、いくら彼らの落語がうまく聴こえても、見る人が見ると、しょせんアマチュアの域を出ることはできないのだという。それはなぜか。プロは落語に人生を賭けている。どんなに貧乏をしても、落語で食べていくという決意がある。

一方、アマチュアは、何か仕事を持っていて、その傍らの趣味として落語をやっている。その差が、「芸」の深みに出るのだという。みなさんも、自分の仕事に照らし合わせて考えてみていただきたい。もし、門外漢ではあるけれどちょっと器用な人が、あなたの仕事を真似してチョチョイとやり、なんとなくうまくやってしまったらどうだろうか。

きっと、言うに違いない。「しょせん素人だな」と。餅は餅屋に任せるに限る。

なお、デザイナーに依頼する場合だが、その要領がよくわからない読者のみなさんがいたら、奥付にある私のメールアドレスにご連絡ください。アドバイスいたします。

「ビフォー・アフター劇場」――じわじわ稼ぐ名刺へ大変身！

今まで、筆者は1000件以上の名刺制作を請け負ってきた。名刺のみを取り扱う業者ではないので、数としては多くはないだろう。

しかし、名刺1枚が、ビジネスのステップアップにどうしたらお役に立てるかを常に追求してきた。お客様と最初にお話しする際、今まで使ってきた名刺を見せていただく。

プロの目から「どうしたらじわじわ稼ぐ名刺にできるか」をアドバイスしてつくり直す。その結果、「営業成績が上がりました！」という声を聞くのは何ものにも代えがたい喜びである。

ここでは、「ビフォー・アフター劇場」と名付け、「改善前のビフォー名刺」と「改善後のアフター名刺」を並べて紹介し、「ここがポイント！」という解説をご覧いただきたい。

◆精密加工業を営む会社の例

ビフォー名刺はどこにでもある普通の名刺である。し

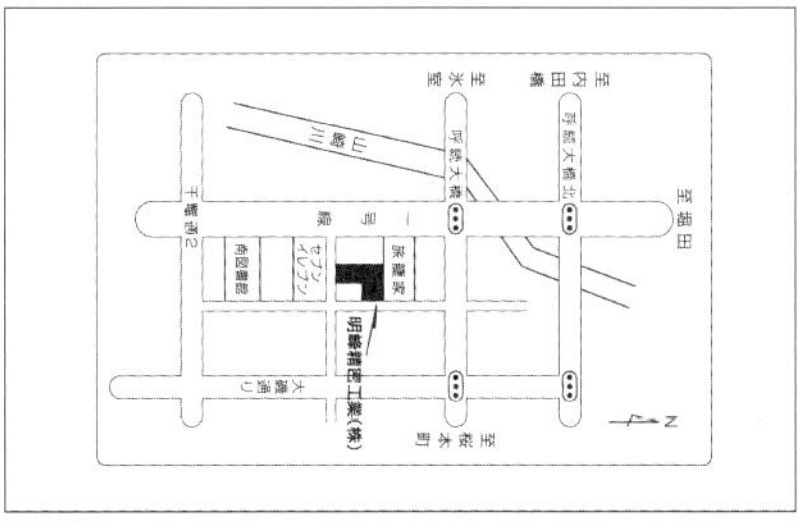

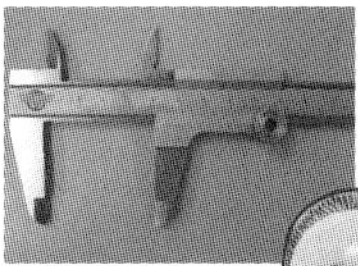

右側のビフォーの名刺はごく普通のデザイン。印象には残らないだろう。上の写真2点とイラストを追加することに

いて言えば、裏面に地図が付いていることが、気配りの1つだろう。しかし、加藤さんは、「異業種交流会に参加して、これではいけないと思いました。インパクトがないどころか、印象に残らないのです」と言い、「ぜひ、『精密加工をやっています』という名刺をつくってください」と依頼に来られた。

その際に、加藤さんから提示された条件が、写真2点と似顔絵キャラクターを使用することだった。似顔絵は友人が書いてくれたもので、自分でも気に入っているという。自社の精密加工の部品とノギス（寸法を測る道具）を写真で載せたいというのが強い意向だった。

そこで、加藤さんの意向を汲みつつ、アフター名刺を提案した。

その後、勉強会やパーティ、さらにはお得意先にも好評で、「ユニークな人」という第一印象を持ってもらえるだけでなく、仕事へつながる大きな武器になっているという。

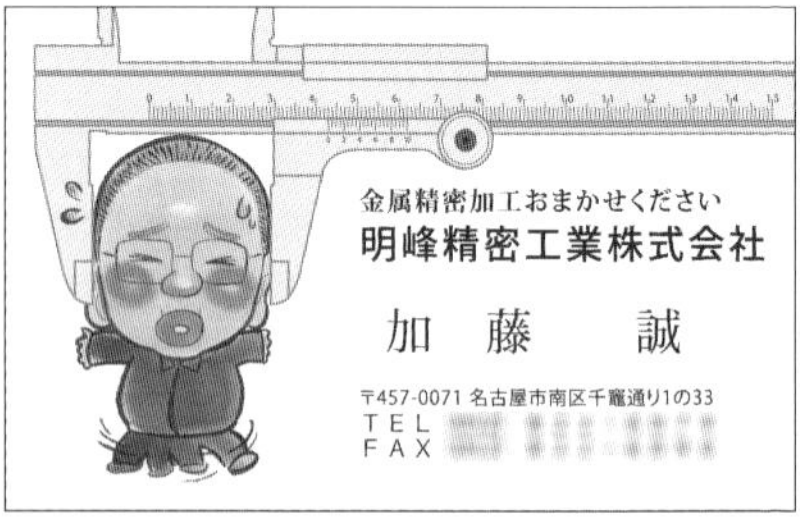

本人の似顔絵をノギスで挟み、コミカルに仕上げた。裏面に精密加工の部品を載せることで、仕事内容は一目瞭然だ

◆某金融機関に勤める人の「プライベート名刺」の例

原田浩志さんは、金融機関に勤めるかたわら、さまざまな異業種交流会に参加するとともに、自身でもビジネスパースン向けの勉強会を主宰している。以前から、創意工夫が大好きで、プロのイラストレーターに頼んでつくってもらった自分の似顔絵が入った「プライベート名刺」を使っていた。

しかし、いま1つ気に入らない。インパクトがあり、ユニークであることは自負していたが、「面白いですね」と言われるものの「その次」の人間関係につながらなかった。これがそのビフォー名刺だ。

筆者はそれまで多くのプライベート名刺を見てきたが、その中でもかなり優れたものだった。難点は1つ。いろいろ詰め込みすぎということ。プライベートに使うものなので、ついつい遊び心が行きすぎてしまったようだ。

また、文字が細かくて、年配の人には読みづらい。そこで、

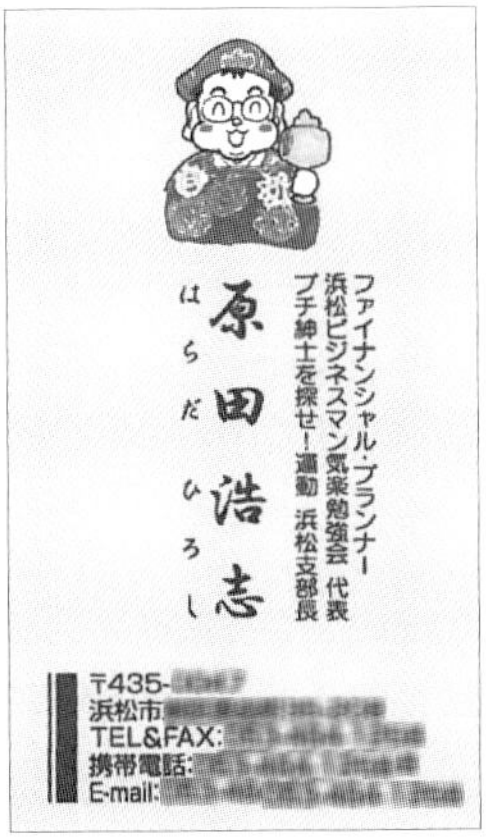

今の名刺もかなりユニークで優れているが、よりブラッシュアップする

スッキリさせるということに重点を置き、つくり直した。ポイントは以下の6つだ。

1. イラストは1つで十分

2. 肩書きはメインのものを表に1つ。その他は裏へ

3. 行書体で書かれた名前は読みづらい

4. 住所、電話、メールはもっと隙間を空けて表示する

5. 裏面の説明が「～相談を受ける」「～好評を得ている」「～している」と表現が冗漫。「～です」「～得意です！」「ご相談下さい」という柔らかい表現に変える

6. 表が黄色で派手なので、裏面は黒1色で落ち着いた感じにして読みやすくした

新しい名刺は、内容はまったく同じだが、「非常に

スッキリして伝えたいこと、アピールしたいことが読みやすくなった。1番のポイントは「見やすさ」である

見やすくなった」と気に入っていただき、社外での人脈づくりに成果を上げている。

◆掃除業を営む会社の例

株式会社テラショーの加藤雅則社長は、以前から自分の名刺がごくありきたりのものであることに不満を持っていた。営業所の住所や電話番号、ホームページアドレス等が、非常にごちゃごちゃしていて見づらいのだ。

何より、この名刺で新規契約の営業をかけてもあまり効果がない。悩んだあげく、裏面に、『基本理念』と『基本方針』を入れてみた。心を伝えたいという一心だったが、反響がない。

何をする会社なのかは、一応わかってもらえるが、そこから、一歩踏み込んだ仕事内容が伝わらない。

「名刺をつくり変えたいんです。当社をアピールして、売上がアップするような名刺に」

という相談を受け、加藤社長にさまざまな点を質問

株式会社 テラショー
ビルメンテナンス・総合清掃管理

代表取締役　加　藤　雅　則

瀬戸営業所 〒489-0879 愛知県瀬戸市瘤木町63番地
TEL [redacted] FAX [redacted]
携帯電話 [redacted] E-mail [redacted]
URL http://www.terashow.net
本　社 〒489-0877 愛知県瀬戸市東赤重町一丁目68番地

基本理念
社業の発展を通じ、世の為、人の為に貢献する

基本方針
一、顧客満足の実践
一、社員幸福の実現
一、高品質、サービス向上への挑戦
一、地域、国家への貢献

会社の理念や社是を名刺に載せている人は多い。ただ、気をつけないと自己満足に陥ってしまう恐れがある

した。以下はそのやり取りである。

1.「取引が一番多いお客様はどこですか？」

⬇病院や医院です。最近は飲食店も増えてきました。

2.「自社のウリは何ですか？」

⬇ありがたいことに、「こんなところまできっちりと掃除してくれるのか」というお客様の声を多く聞きます。仕事が丁寧ということですね。かなり顧客満足を得られていると思いますので、『基本理念』は盛り込みたいです。

3.「清掃方法の特徴はありますか？」

⬇顧客はもちろん、清掃する人や環境にも安心安全な洗剤を使用しています。汚れが落ちれば、何を使ってもかまわないという姿勢の業者とは一線を画したいというのが会社の理念です。

4.「名刺に使いたい色はありますか？」

⬇クリーンなイメージを出したいので、ぜひブルーを使いたいです。

5.「笑顔の写真を撮らせていただけますか？」

➡ここにあるので、手持ちの写真を使っていただけますか？

名刺づくりのお手伝いをするのにもっとも大切なことは、本人が「何を名刺に盛り込みたいと思っているか」、そして「その会社はどんな仕事をしているか」ということだ。じっくり話を聴き、それを踏まえて新しい名刺の提案をする。病院で言うなら、治療をする前に行う問診や検査である。すぐに治療にはかからないわけだ。

こうしてできあがったアフター名刺がこれだ。ここでも、6つのポイントをお伝えしよう。

1．以前の名刺にあった『基本理念』は立派なことが書かれている。しかし、お客様にとってみれば、「顧客満足の実践」は当たり前のことと感じるだろう。「社員幸福の実現」は、素晴らしいことだが、それなら「もっと見積りを安くできないか」と思われる恐れがある。しかし、社

お客様の意向を汲んだブルーの色が実にイメージアップに役立っている。「S」を3つ並べたところがポイント

長は、『基本理念』を名刺に盛り込みたいという。そこで、お客様から満足をいただいていること、安全安心を強調したいとのことなので、「S」を3つ並べて表現することにした。

2. 新規開拓の営業スタイルは、何度も相手先を訪問することだという。1度で、従来の清掃業者から換えてもらえることは少ない。電話番号は小さくてもかまわないというので、営業所の住所と電話番号の大きさを変えて雑然と並んでいる感じをなくした。

3. 社長でも営業して歩くというイメージを与えるために、「きれいなイメージのブルー」を両面に用いた。文字も黒でなく「ブルー」、背景のビルのイラストも「ブルー」に統一。

4. 手持ちの写真を提案されたが、社長の顔写真はあえて撮り直した。真面目な人柄ではあるが、人前で笑顔を見せるのが苦手という。「笑ってください」と言ってもなかなか笑えない。反対にそれが効を奏し、誠実さが伝わる写真になった。

5. 裏面には、1番のお得意様である「病院・医院」をトップに掲げた。これにより、「ああ、病院の清掃を任せられているのか!」と感心してくれる。衛生面でこれほど配慮が必要な場所は他にないからだ。

6. 会社関係は「清掃サービス」「工場清掃」、個人宅向けには「ハウスクリーニング」

と、顧客の種類別に列記することで、受け取る誰もが対象者であることが一目でわかるように表現した。

名刺ができあがったとき、社長にこんなアドバイスをさせていただいた。

「営業の際、この裏面を見せてこんな言葉を添えてください。病院・医院であれば、『ウチは、病院が1番得意で数多くさせていただいています』。飲食店であれば、『病院のノウハウを活かして、清潔な店づくりに努めます』、一般家庭なら、『安全な洗剤を使って人と地球にやさしい仕事をしています。アレルギーでお悩みの方が多いですからね』と。名刺だけではすべては伝わりません。でも、名刺をきっかけにして説明をするのです」

ただ単に名刺を渡すだけでなく、名刺を会話の糸口として、自社の特徴をきっちりと相手に伝えるようになってから、成約件数は確実に伸びたそうだ。

いかがだっただろうか。ビフォー名刺と比べると、改善したアフター名刺の印象は大きく異なるだろう。ただの白黒ではなく、名刺に色が入るだけでもずいぶん違ってくる。ありきたりな名刺を使っている方は、ぜひ参考にしていただきたい。

ほほ〜 へぇ〜
「名刺」コラム

その③ 名刺を持たない人、持てない人

志賀内泰弘

一流ホテルでベルボーイをしている友人がいる。

彼と最初に会ったとき、こちらが名刺を差し出したら恐縮して受け取り、「ごめんなさい。名刺を持っていないので」と言われた。「今度でいいですよ」と言ったら、「いいえ、持ってないんです」と言う。首を傾げて尋ねると、ベルボーイは、もともと、名刺というものを持たされていないのだという。

それがなぜなのか、まったく理解できなかった。ベルといえばホテルの顔だ。毎日、玄関でお客様をお迎えするのが仕事。まさしく代表的な接客業だ。その仕事に就いていて、名刺を持っていないなんて……。

その後、他のホテルでも名刺を持たないベルボーイやベルガールに会い、疑問はさらに膨らんだ。ことあるごとに、ホテルの社長やマネージャーをしている友人・知人にその理由を訊いて回った。誰もが、「そういえば。そうだなぁ」と言うのみで、「なぜ？」と訊ねても明確な答えが返ってこない。しかし、「たぶん」といういくつかの答えをまとめると……。

まず、ベルという仕事は、玄関でお客様をお迎えすること。そして、フロントまで荷物を持って（ホテルによっては客室まで）案内するのが仕事である。タクシーの乗り降りの手配もする。そういう仕事では、お客様と名刺交換する必要性がないからだという。

また、ホテルの中では、比較的若い人たち、多くは新人がベルの担当をすることが多い。やがて各部署を経験して、フロントに入る。そのとき、初めて名刺を与えられる。つまり、まだ一人前のホテルマンではなく、修行中だからという意味で持たせてもらえないわけだ。

こんな考えを教えてくれた人もいた。ベルボーイは、その場で接客はしているが、陰の存在。つまり黒子であり、サーバント。とても名刺を持って、お客様と対等に挨拶できる立場ではない。だから名刺を持っていない。

「ホテルの全社員に名刺をつくっていたら、経費がかかって仕方がない」というホテル経営者の意見もあった。もっとも、最近では、ベルにも名刺を持たせるホテルが増えているらしい。

名刺交換をしないのに、お客様の名前や肩書き、車のナンバーまで覚えているベルがいるという。名刺を持っているのに、なかなか相手の顔と名前を覚えられないビジネスパーソンには耳の痛い話である。

第5章

目立つ！「名古屋名刺」をマネよう

志賀内泰弘

1枚の名刺にもとことんこだわる「名古屋名刺」

本書の筆者は2人とも、100%名古屋人である。

名古屋というと、いわゆる「名古屋めし」がよく知られているが、その名古屋に住んでいる人たちの気質についてまで語られることはなかなか少ない。

名古屋人は、よく保守的だと言われる。これを分析すると3つの気質に分けられる。

1 地縁・血縁を重んじ、義理堅い

2 排他的・閉鎖的である

3 質素・堅実である

これを聞いた、東京・大阪などの都心部以外に住む地方の人は、みんな口を揃えて言う。

「なんだ。それなら私の故郷と一緒じゃないか」と。

そうなのだ。名古屋は人口200万人の大都市であるにもかかわらず、人口10万人クラスの地方都市と同じように保守的気質を持っているのである。

しかし、実はそれらの地方都市とは明らかに異なる4番目、5番目の特徴がある。

それは、

4　ビジネスのアイデアに長けている

5　いざというときに、散財する派手好みである

である。

本章では、この2つの観点から「名古屋流」名刺術を紹介しよう。

アイデア遺伝子が生み出す珍名刺

私たちが普段、日常生活の中で利用している物の中には、名古屋で発明されたアイデア商品が多いことはあまり知られていない。

日本中の街角で、目にしないところはないと言っても過言ではないのが、飲み物の自動販売機だ。コインを入れてボタンを押せば、コールドかホットのコーヒーを手にすることができる。これを日本、いや世界で初めて開発したのが、ポッカ（現・ポッカサッポロフード&ビバレッジ株式会社）だ。

ポッカ創業者の谷田利景氏が、高速道路のサービスエリアで休憩するトラックの運転手のために、真冬でも温かい缶コーヒーを気軽に飲めるようにと、試行錯誤の上で考案したのが始まりだった。

また、メガネに取って代わる革命的な商品を生み出した企業がある。株式会社メニコンだ。日本初の角膜コンタクトレンズを国内で初めて開発した。当初は、「目の中にガラスを入れるなんて信じられない」と驚かれたものだが、今では当たり前のことになっている。

朱肉をいちいち付けなくても押せる印鑑や住所などのゴム印（Xスタンパー）を発明したのが、シヤチハタ株式会社だ。今や、印鑑といえば「シヤチハタ」が代名詞にまでなっている。

さて、名古屋のアイデア遺伝子を元に、「あっ！」と言わせる名刺をつくっている人物を紹介しよう。企業再建経営コンサルタントの毛利京申《たかのぶ》氏だ。

ちょっと若い女性には、ひんしゅくを買うのではと心配になるデザインである（「もっこり」のところが）。しかし、実際には、特に若い女性に大人気だそうで、「わーカワイイ！」と1人が声を上げると、「え！なになに、私にもください」と言わ

若い女性にひんしゅくを買うかと思いきや、カワイイと人気の名刺

れるそうだ。というのは、この名刺。毛利氏のオフィシャルの名刺ではない。遊び心でつくった2枚目の「プライベート名刺」なのだ。

「この人ならジョークをわかってくれそうだな」と言う人、「ぜひ、インパクトを与えて印象付けたい人」に対してのみ手渡している特別の名刺なのだ。自分自身をキャラクター化すること。裏面にもデザインを施して、立体化すること。そして、裏側は文字がひっくり返っていることで、これまた「あっ！」と思わせる。ここに毛利氏の〝企み〟がある。

毛利氏は、企業再生のため商品開発やマーケティングのアドバイスを行っている。地方都市の再生も手がける。どちらの場合も、資金力が乏しいことが多いため、お金がなければ、アイデアで勝負するしかないという発想になる。そこで、こういうユニークな名刺を使うことで、「この人に我が社（我が町）を託したい」と思わせてしまうわけだ。

名刺1枚にもとことんこだわることが名古屋流である。

徳川宗春ゆずりのパフォーマンス名刺

名古屋は「ハデ婚」で知られている。テレビドラマで全国放送のシリーズにもなり有名になった「名古屋の嫁入り」をご存じの方も多いだろう。

結婚情報誌などの調査では、結婚式そのものの費用は、県別に見た場合に愛知県はトップというわけではない。しかし、昔から、新婦の実家が用意をする花嫁道具がハデなことが「ハデ婚」の由縁になっていると思われる。

花嫁の家の前に、タンスや鏡台などてんこ盛りにした家具屋さんのトラックが2台も3台も停まる。トラックの荷台には、紅白の布が掛けられ、ご近所のみなさんにお披露目してから出発する。

「うちの娘のために、親としてこんなにも贅を尽くしてやったんですよ」

という見栄だとも言われる。

また、「菓子撒き」という風習がある。新婦が式場に向かう前に、その家の屋根の上から袋詰めにした菓子をご近所の人たちに投げて撒く。最近は少なくなったが、それでも名古屋近辺の郡部では根強く残っている。

そのハデさは、いったいどこから来るのだろうか。いろいろな説があるが、その1つに尾張徳川家第七代藩主・徳川宗春の存在が影響しているというユニークな話がある。徳川宗春は、誰もが知るテレビ番組「暴れん坊将軍」の主人公である徳川吉宗と同時代に生きた人物だ。

町火消し制度や小石川療養所をつくるなどして名君と言われた吉宗だが、実はとんでもない悪政を行っていたことはあまり知られていない。「ゴマの油と百姓はしぼればしぼるだけ出るものなり」という理念の元、年貢を集めに集めたので幕府の蔵は潤った。反対に民は困窮したのである。

倹約令を出し、遊興も禁じた。そのため町から賑わいがなくなり経済が沈滞したのである。重税の上、超デフレ不況に陥って経済が沈滞してしまった。これに反発して、尾張藩では芝居・遊芸を推奨した。遊郭も認めた。そして、宗春自身が見本を示すべく、芝居見物にしばしば出かけたという。

そう、インフレ政策によってバブルが生じたのだ。この政策に業を煮やした吉宗は、宗春を隠居させ、幽閉してしまった。

さて、長々と名古屋人気質を語ったが、ここでようやく名刺の話である。

名古屋に、一ノ瀬芳翠さんという書家がいる。ただの書家ではない。世界を股にかけて活躍するパフォーマーだ。東海道五十三次の版画にも登場する歴史的にも有名な、名古屋名産・有松鳴海絞り。大変手間のかかる伝統工芸品で、高価なことで知られている。

和紙でなく、この絞り染めを素材に書の作品を制作するという、誰も考えなかった贅沢でオリジナルな趣向だ。その作品の巨大さは、見る人たちの度肝を抜く。

お正月にはイベント会場となる大きなビルの一面に、有松鳴海絞りの布に巨大な筆で「謹賀新年」「頌春」などとしたためた書を掲げる。1000匹の鯉のぼりの下で、東日本大震災の復興への願いを込めて、「郷」という大文字を書いたりもする。

大観衆の前で、身体ほどの大きさの筆を自在に操って書のパフォーマンスを繰り広げる。

ときに、ドレス。ときに着物で。いずれも、煌びやかな出で立ちだ。彼女を一躍有名にしたのは、オノ・ヨーコさんとの出逢い、そしてコラボレーションだ。

2002年9月10日の同時多発テロから1年というイベントで、20メートル×70メートルという大きな有松鳴海絞りの布に、オノ・ヨーコさんに直接お願いをして訳してもらった「イマジン」の歌詞を綴り、ビル一面に披露して、世界平和を訴えた。

さらに、2006年にはテロで崩壊した世界貿易センター跡地にも、「愛で世界をひとつにしよう」という書を掲げ、犠牲者の冥福を祈るとともに平和への願いを呼びかけた。

そんな一ノ瀬さんの「名刺」がコレだ！

私が一ノ瀬さんのご自宅を訪問したときの出来事。

こちらが名刺を差し出すと、「特別ですよ」と言い、金色（！）の墨を用意された。そして、サラサラッと「志賀内泰弘さん江」と揮毫《きごう》してくださったのだ。

たかが名刺である。普通は、印刷したものを手渡すだけだ。

それが、「あなただけのため」に、たった1枚の「宛名入り」の名刺をパフォーマンスしていただけたことに感激した。

いわずもがな、徳川宗春ゆずり。

まさしく、現代の宗春なのだ。

ご本人は、「特別の人にだけ」とおっしゃられるが、もし我々がこれをパーティ会場などで真似したら、一躍人気者になること間違いないだろう。面倒を覚悟で真似してみてはいかがだろう。

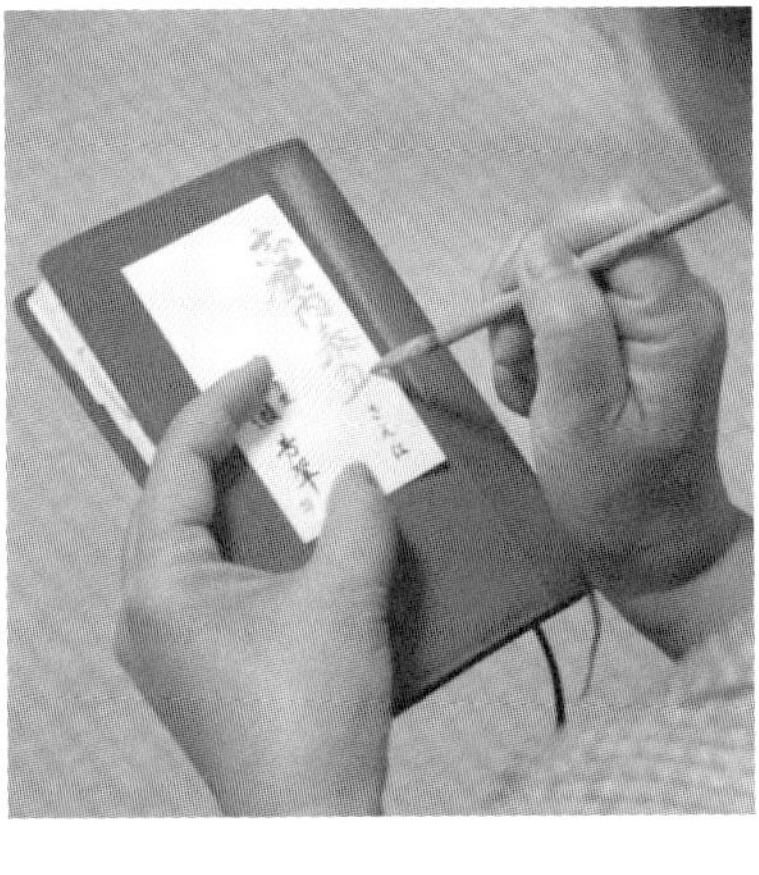

直筆で名前を書いてもらうと、ありがたくて粗末には扱えない。金色の墨で書かれた名刺は、飾りたくなるほどの美しさだ

オマケ好き名古屋人の名刺の「オマケ」

前段で、名古屋人気質の1つに、「質素・堅実である」ことを述べた。いわゆる「ケチ」である。

こんな笑い話がある。名古屋人と東京人と大阪人の3人が一緒に喫茶店に入った。レジのところで、いざ、お勘定となったとき、東京人はこう考えているという。

「どうしたら、スパッと気持ちよく、3人分の代金を支払うことができるだろうか」

江戸っ子の粋なところを示すのは、気風の良さだ。それを裏付けるような考え方である。

ケチだと言われている大阪人は、「どうしたら、自分の分だけ支払ったら済むか」と考えるのだという。

さて、そんな中、名古屋人はこんなことを考えていた。

「どうしたら、気持ちよく奢ってもらえるだろう」

大阪人も呆れるほどのケチを物語るジョークである。

「ケチ」がゆえに、「安い」「値引き」が大好きだ。加えて、「景品」「オマケ」に心を惹かれる。

名古屋で喫茶店に入り、コーヒーを注文すると必ずと言っていいほど「おつまみ」の豆菓子が付いてくる。これがない店は、「ちょっと、豆忘れとるよ〜」と客から文句を言われるほど当たり前になっている。

もっとも有名なのが、モーニングサービスだろう。名古屋の喫茶店では、午前11時くらいまでに入ると、コーヒー1杯の値段でさまざまな「オマケ」が付いてくる。トースト、サラダ、乳酸菌飲料、マドレーヌ……。おにぎりや味噌汁が付く店もある。コーヒーのほうが「オマケ」という立場になるほどだ。

そんな「オマケ」文化を自己PRに活かした「名刺」をつくっているのが、株式会社八木の社長八木勇達氏である。八木氏は、昭和元年創業の木箱のメーカーだ。割烹漆器や食品ギフトなどを入れる木箱を製造している。その他、美術館からの依頼で、絵画の輸送箱も取り扱っている。

2005年の愛・地球博では、観客が長蛇の列をなした冷凍マンモスを、シベリアから運搬する際の木箱も特注で制作している。

八木氏の名刺は、ごく普通の名刺。

しかし、その次がある。一旦、名刺を交わした後で、カバンの中からおもむろに取り出すのがコレだ！

差し出された、小さな小さな木箱を開けてみると、中にはチロルチョコレートが１つ！

もらった人は、誰もが「かわいい～」と声を上げる。もちろん、これには深い深い戦略がある。

この名刺代わりの「オマケ」の主役は、チロルチョコではない。木箱である。小さな木箱なのに、実によく造作されている。まさしく職人技だ。そう、見る人が見れば、「この会社の技術はスゴイ」とわかってしまう。「オマケ」でチロルチョコ（10円）を配りながら、一言も語らずに自然にセールスもできてしまうのだ。

もう１つ、紹介しよう。

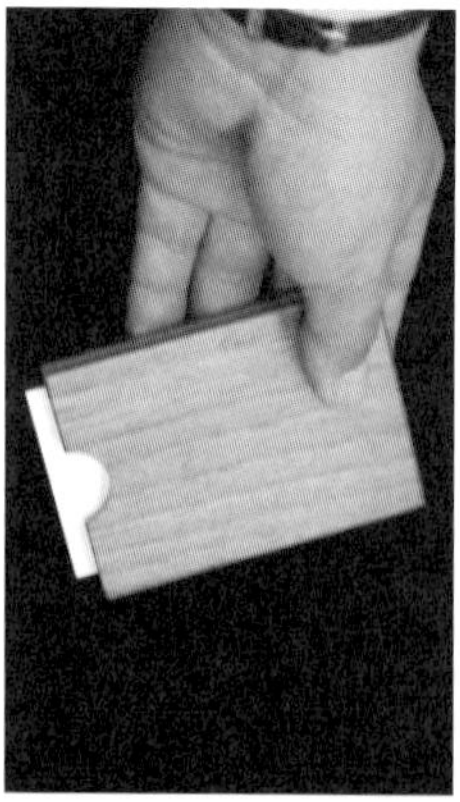

オマケとはサービス精神のこと。相手を喜ばせたいという心が表れた木箱入りのチロルチョコは、究極のオマケだ

八木氏の使っている名刺入れだ。

なんと、木製。そして、名刺を入れて下に傾けても飛び出さないという優れもの。これも、株式会社八木の技術力の賜物だ。渡す相手は、「ほほお〜」と言って、名刺そのものではなく、これらの「オマケ」の仕掛けに興味を惹かれる。

名刺は、初対面にして、最大の自己プレゼンのチャンスなのだ。それを活かすべく、「オマケ」は大いに役立つ。

（参考図書）井沢元彦著『逆説の日本史　15近世改革編―官僚政治と吉宗の謎』小学館

ほほ〜 へぇ〜
「名刺」コラム

その④ ビール会社の名刺に学ぶ、転勤族のための褒めまくり大作戦！

志賀内泰弘

あるときパーティで、某ビール会社の名古屋支店長さんと名刺を交わした。

その名刺は、会社名のロゴの下に、ポンッとスタンプを押したようなデザインで、

「ナゴヤに感謝、ナゴヤに乾杯」

という赤い文字が踊っていた。生粋の名古屋人としては、これほど嬉しいことはない。思わず、微笑んでしまった。

よく言われる名古屋人の気質。①地縁・血縁を重んじ義理堅い、②排他的・閉鎖的である、③質素・堅実である。それゆえに昔から、余所者は名古屋では商売がしにくいと言われている。

ところがもう1つ、隠された気質がある。それは「自虐的」という点だ。東京と大阪という2大都市にはさまれ、「どうせトップにはなれない」とナンバー3に甘んじてきた。そう、コンプレッ

クスの塊なのだ。このことを知らない転勤族は、名古屋で挨拶回りをして大きな過ちを犯す。名古屋の人に、「美味しいものがないでしょ」とか「観光名所というと名古屋城くらいしかなくて」と言われ、ついつい本音を漏らしてしまう。「八丁味噌が苦手で困っています」とか「子どもにディズニーランドが遠くなったと文句を言われて」などと口にしようものなら大変だ。「そうでしょ〜、大いなる田舎って言われているんですよ」と口では言うものの、腹の中は煮えくり返っている。実は名古屋人は、プライドが高い。そのくせ謙虚で自虐的。そのことを知らず数多の転勤族たちは「引っかけ質問」にはまっていくのだ。

そんな中、「ナゴヤに感謝、ナゴヤに乾杯。」ときた。それも、東京からやってきた、全国ブランドのトップメーカーが、名古屋に頭を下げ、エールを送ってくれる。「おたくのビールはどえりゃあ〜うみゃ〜で、応援したるがね（名古屋弁）」ということになる。

さて、この戦略は全国どこでも使えるのではないかと思う。おそらく、閉鎖的・排他的というのは、名古屋人だけの気質ではなく、「島国根性」と言われるように日本人全体の気質である。どこへ転勤しても、まずその土地に溶け込んで可愛がられるのが1番の課題だ。

ビール会社には限らない。あらゆる業種の全国各地の支店勤務の転勤族たちに、「仙台に感謝、仙台に乾杯。」「博多に感謝、博多に乾杯。」と書かれた名刺を持たせるのだ。褒められたり、感謝されて嬉しくない人はいない。あなたの会社の支店でも、こんな名刺をつくられてはいかがだろう。

第6章

眠った名刺を目覚めさせろ！
——名刺ホルダー活用法

志賀内泰弘

「名刺の棚卸し」で人脈を開拓しよう

スーパーマーケットでも個人商店でも、決算の前には「棚卸し」をする。どんな商品がどれだけ残っているかを帳簿と照らし合わせて確認する作業である。

汚れや破損で売り物にならない商品もある。なかには万引きされてしまったため、帳簿のリストと数が合わないこともあるだろう。それらは損金処理を迫られる。でも、「棚卸し」をして在庫を確認しないと、当期の利益が算出できない。

さて、「名刺」の話に戻ろう。

名刺は「宝物」である。1枚の「名刺」からご縁を育み、大きなビジネスに発展させることができる。1枚の「名刺」はただの紙切れに見えるだろうが、それは「お金」を生み出す卵なのだ。その「名刺」をしまっておく名刺ホルダーは、宝箱と言っても過言ではない。にもかかわらず、多くの人は宝箱を押入れの奥にしまいこみ、埃が被ったままにして放置している。なんともったいないことだろう。

「名刺」とは、「人」そのものである。「人」との「ご縁」ができたことの証である。名刺ホルダーを活用しないということはせっかく出逢った「人」を、押入れの奥にしまいこむということと同じである。

人を「モノ」にたとえるのは不謹慎である。しかし、わかりやすいので、あえて「名刺（人）」を「商品（モノ）」に置き換えてみよう。スーパーの棚卸しと同じ感覚で考えてもらいたい。

名刺ホルダーの中には、価値のある商品もあれば、役に立たない商品もある。名刺をホルダーにしまったままにしておいては、どれくらいの価値がある商品なのかわからない。

そこで、「名刺の棚卸し」の提案だ。

『タテ型人脈のすすめ』（ソフトバンククリエイティブ）という本を著したことがある。人脈のつくり方を説明した、いわゆる「人脈本」だ。その中で、

「あなたの人脈はどちらですか？」

と、読者に問いかけた。

「使える人脈」と「使えない人脈」だ。これまた「人」のことを使えるとか使えないなどと、不謹慎きわまりない表現だが、便宜上物事をわかりやすくするためなので、どうかご勘弁いただきたい。

もし、すぐに出すことができるのなら、名刺ホルダーを手元に用意して読み進めてほしい。「使える人脈」か「使えない人脈」かを判断するために、名刺を1枚ずつ、それぞれのお付き合いの「濃さ」によって次のとおりに段階付けて分類してみよう。

それがこれだ。

①「**知り合い**」…単に名刺交換したり、「名前を知っている」というだけの人。知人。
②「**友人**」…1つの基準として、「さん」付けではなく、「君」で呼び合える仲。
③「**親友**」…友人が「君」なら、呼び捨てもできる仲。
④「**無二の親友**」…わがままの言える仲。「あいつのためなら、何を置いても飛んでゆく」という人。

野球に例えるなら、①2軍、②1軍、③1軍レギュラー、④オールスターということになる。

もし手元に、3色（たとえば、イエロー、ピンク、ブルー）の付箋《ふせん》があったら、これを使って実際に棚卸しをしてみよう。

①の「知り合い」の名刺は何も付けない。②の「友人」の名刺にはイエローを。③の「親友」にはピンク、④の「無二の親友」にはブルーという具合に、付箋を貼りながら名刺ホルダーをめくっていく。

ここでおそらく、多くの人は愕然とするに違いない。④の「無二の親友」が1人もいないじゃないか……と。思い起こしてみると、「無二の親友」は学生時代のからの付き合いの、アイツとアイツだけだ、なんていうことに気づく。

では、②の「友人」と③の「親友」はどうだろう。これもまた、なかなか付箋を貼れないことに苛立つ人が多いはずだ。

別に、ビジネスを展開するのに、「友達」や「親友」なんてつくる必要はないという意見もあろう。これは言葉遊びではない。それなら、「友達」とか「親友」というのを「無理を聞いてくれる取引先」とか「プライベートのことも話せる取引先」という言葉に置き換えてもらってもかまわない。

そういう関係が構築された「名刺」は、どれくらいあるだろうか?

正直に言おう。人脈づくりにかけては、本を出版し講演活動までもしている私でさえ、なかなかイエローやピンクの付箋を貼ることができないのである。ましてや、ブルー（無二の親友）となると、１年間の出逢いの中で１人か２人が精一杯だ。

まずは、それでいい。「名刺の棚卸し」をする目的は、まさしく「そこ」にあるからだ。「いったい私は、今まで何をしていたのだろう」「せっかく出逢ったご縁を粗末にしていた」と、名刺ホルダーを手にして「気づく」こと。それが、目的なのである。どんなアクションも、「気づき」のショックから始まる。

身近なところで言えば、ダイエット。お風呂に入る前に鏡を見たり、体重計に乗って「気づく」。「ああ〜太っている！」と。「気づき」は、そのショックが大きければ大きいほど、アクションが早く大きくなる。

最近２、３か月にもらった名刺が入っているホルダーであれば、そのほとんどが①の知り合い（２軍）であるはずだ。その名刺の人たちは、あなたのために何かしてくれるだろうか。それは無理というもの。つまり、「使えない人脈」ということになる。

もし、その２、３か月で１００人の人に会ったとしよう。ズバリ尋ねる。その１００人の中で、2度、3度とコンタクトを取り、実際に2度以上会った人が何人いるだろうか。そうそう簡単に②友人（1軍）にはなれない。①から④へと人間関係を発展させていくためには、少なからず年月が必要となるわけだ。

ところが、名刺をもらってホルダーにしまいっぱなしでは、永久に①のままである確率がきわめて高くなる。もし、関係が進展するとすれば、またどこかで偶然に会う機会に恵まれるとか、先方からの「会いませんか」という連絡を待つしかない。

つまり、「受け身」というわけだ。ビジネスを展開するのに、「受け身」がいいわけがない。こちらから動かなければ、仕事は進まない。

「名刺の棚卸し」の2つ目の目的。それは、「いかに自分が受動的な人間だったか」ということに「気づき」、「能動的に行動しよう」という決意を生み出すことにある。

ちなみにこれは、「誰でもできる簡単人脈開拓術」という演題で講演や研修を頼まれた際に、実際に参加者のみなさんにやってもらっている方法だ。

もし、名刺ホルダーではなく、パソコンや携帯電話の名刺管理ソフトを使っているという人がいるとしたら、もっと分類をしやすいことは言うまでもない。

ホルダーの名刺をステップアップさせよう！

ご存じの方が多いとは思うが、念のため、「柳生家の家訓」を紹介したい。

「小才は、縁に出会って縁に気づかず
中才は、縁に気づいて縁を活かさず
大才は、袖すり合う縁をも活かす」

前項では、いかに「縁」に気づかず、活かしてこられなかったかを自覚していただけたと思う。袖すり合うほどの小さなご縁（名刺交換）を、どうやってステップアップさせて「活かして」いくかを順番に説明していこう。

ここで、肝心なことが1つ。

「人」を「モノ」にたとえはしたが、「人」と「モノ」の決定的な違いがあるのだ。それは、「モノ」はほうっておくと、必ず劣化する。食品であれば賞味期限や消費期限があって、時間が経つと売り物にならなくなってしまう。アパレル商品であれば季節や流行によって勝機が失われる。1度、棚に並んだ商品は、時間とともに刻々と劣化していき、人間はそれを止めることができない。

対して、「人」は違う。

「人」との関係は、ほうっておけば劣化するが、こちらが能動的に動けば劣化どころかどんどん輝いてきて商品価値が高まってくるのだ。

名刺ホルダーに「名刺」を入れっぱなしにしておけば、「モノ」と同じように劣化する。

それこそ、消費期限は切れてしまう。おそらく誰もが経験しているはずだ。仕事で、新商品の営業をすることになった。どの販路を通じて売ったらいいかと販売会議が開かれる。どこか良いルートはないものか。

考えあぐねた末に思い出したのが、5年ほど前に参加した異業種交流会で、デパートの仕入部長と名刺を交わしたことだった。名刺ホルダーを慌てて探す。しかし、どうアクセスしていいものか戸惑ってしまう。懇親会で名刺交換しただけの関係だ。こちらは相手の顔さえ覚えていない。相手だって……。

それでも、「エイ、ヤー!」と電話をしてみる。すると、「あいにく○○は、福岡に転勤になりました。お取次ぎいたしましょうか」と。ここで改めて気づく。「ああ、せめてもう1度会っておけばよかった」と……。

そんな状態にならないために、「名刺の棚卸し」を行い、「名刺」の価値を高める努力をするのだ。ここからは、「名刺」を手にしたときから時系列に、名刺の価値を高めるステップアップの過程を説明していこう。

ステップ① こちらから名刺の相手にアクセスする

筆者は、友人・知人の紹介でお目にかかった方の名刺は、普段使っている240人収納（見開き6人）の小型の名刺ホルダーにしまう。先ほどの野球にたとえると、②の「1軍」名刺だ。仲の良い人の紹介は、最初からお互いに「信頼」して付き合いができる。「友達」の「友達」はみな「友達」だ、という由縁だ。

講演会などの懇親会の席で名刺交換させていただいた方々（紹介者がない場合）は、A4サイズで見開き20人が収納できる大型名刺ホルダーにしまう。失礼ながら、これは①の「2軍」（知り合い）名刺である。

だが、相手が初対面で、かつ挨拶程度しか会話を交わしておらず、どんな人か詳しくわからないという理由で「2軍」になってしまっているだけの人だ。できることなら、早く「1軍」のホルダーに入れたいと願っている名刺たちである。

私は、名刺をもらったら、必ず全員に「出逢いに感謝」の意味のお礼のハガキを出すことに決めている。官製ハガキに似顔絵など、オリジナルのデザインを印刷したものを用意しておき、名刺ホルダーにしまう前に、できるかぎり早くサッと書いてポストへ投函する。

講演会の後の懇親会に参加すると、名刺交換のための列ができ、1度に30～50人くらいの方と名刺を交わすことがある。それでも、当日や翌日というのは難しくても必ず全員にハガキを出す。

もともと私はハガキや手紙を書くのが大好きだ。年に2000～3000通は書いている。だが、さすがに1度に50人の方に書くのは苦痛に思えることがある。何度も腱鞘炎になった。しかし、これが後々、人脈づくりの大きなポイントになることを体験して知っているので、「必ず」実行している。

ここでポイント。出逢って早い時期に名刺を見ながらハガキを書くことには、大きなメリットがある。

それは、住所と名前を書いているときに、相手の顔を「どんな人だったかなあ」と思い浮かべることができるということだ。すると、その人のことを頭の片隅にでも記憶できる。

学校の授業にたとえるなら、今日、出逢った人の「復習」だろう。「人脈」が仕事を運んでくると言っても過言ではない。ということは、「出逢い」というものほど大切なことはないはずだ。「柳生家の家訓」を引き合いにするまでもなく、「小縁」をいかに活かすかが、今後の人生を左右するのである。

実際には、1度に50人と交わした場合には、顔を思い出すのはさすがに無理だ。しかし、ハガキに会社名、名前、住所を書き写すことで、その人のことが頭の中に無意識にインプットされる。それは、相手からアクセスがあったり、どこかで2度目に会ったとき、思い出すための記憶の材料になるのである。

こんなことを言うと、「ハガキや手紙を書くのは苦手です」という人がいる。いや、大部分の人がそうだろう。本当は、ハガキや手紙には秘められた大きなパワーがあるので、ぜひおすすめしたい。

しかし、本書のタイトルは、『じわじわ稼ぐハガキのすすめ』ではなく、『じわじわ稼ぐ名刺』だ。長年、講演会でもハガキの効用について話しているので、「書けない人」には、「書けない」ことはよくわかっている。それは仕方がないことだ。

そこで、その代わりの提案をしよう。

まずは、メールだ。

名刺交換をする。帰宅してパソコンを開けると、つい先ほど名刺交換をした人からメールが届いていることがある。

「本日は、ご縁をいただき、ありがとうございました。近くまたお目にかかり、ぜひいろいろなことを教えてください」

と。こちらもすぐに返事をする。

「こちらこそ、ありがとうございました。では、○月○日の午後1時30分にお時間は取れますでしょうか。たまたま貴社の近くまで行きますので」

先方からメールが届く確率は、5％くらいであろう。名刺に書かれた細かいアルファベットのメールアドレスを打ち込むのは面倒だ。しかし、その1通のメールが、ひょっとすると、将来のビッグビジネスにつながるかもしれない。そう信じることが、メールを送るエネルギーになる。

待っていては始まらない。今どき、メールはどこからでも送れる。こちらから、1分、1秒でも早くメールで挨拶しよう。なぜなら、相手から先に届いてからよりも、こちらが先のほうが断然、相手の心を掴めるからだ。

先日も、誰もが知る上場企業の役員さんと名刺交換をして、メールをもらった。送信時間を見て驚いた。名刺を交わした2時間後。その日のスケジュールを聞いていたので、それは新幹線の中からだと推測できた。もちろん、その人のファンになってしまったことは言うまでもない。

次に紹介したいのがファックスだ。

私の友人に、何人かのファックス魔がいる。何かあるとファックスで送ってくる。もちろん、パソコンも使えるし、ときおり長文の手紙も届く。しかし、普段はファックスを多用しているのだ。

ファックスには、手紙やハガキと共通の利点がある。肉筆のメッセージが伝わるのだ。メールは誰が送っても、同じ文字。たしかに、絵文字や写真の添付など工夫を凝らすことはできる。しかし、手書きの文字の温もりにはかなわない。さらに、手紙と違って早く届く。メールと手紙の両方の利点を兼ね備えているのだ。

では、「ハガキもメールもファックスも面倒」という人はどうしたらいいのか。

筆者の尊敬する先輩（親分と呼んでいる人物）に「電話魔」がいる。とにかく、しょっちゅうかかってくる。

その先輩は、ＮＰＯの代表もしていて、１００人規模の講演会と懇親会を隔月で開催している。その会が催された翌朝、９時過ぎになると電話がかかってくる。用件は１つ。

「昨日は参加してくれてありがとう。お知り合いも連れてきてくれて嬉しかったよ」

聞けば、参加者全員に電話でお礼をするのだという。そのことを知ってから、負けないように（？）と、先輩よりも先に「参加させてくれてありがとうございます。お疲れ様でした」とお礼の電話を入れるようにしている。

それが、お互いの絆を深めることにつながる。実際、そうしたやり取りの積み重ねで、お互いに仕事で問題が発生したときには、相談し合う間柄に発展した。

「別に用はないんだけど」

「お元気ですか」

などと言ってかかってくることもある。これなら、面倒だとか、字が下手くそだとかという言い訳は無用だろう。

ハガキ、ファックス、メール、電話と、通信手段にはそれぞれの利点、欠点がある。それをＴＰＯに応じて使いこなすことが肝心だ。

何より、大切なことは、「こちらから」「頻繁に」アクセスするということだ。ビジネスで成功する人には、良き人脈がある。その良き人脈を持つ人は、みんな「マメ」である。

ステップ② 返事があった人を大切にする

50人の方にハガキを書くと、そのうち5～10％くらいの方からハガキや手紙、あるいはメールで返事が届く。このハガキや手紙での返信の確率は、残念ながらインターネットの普及とともに低下の一途をたどっている。

ここで、ハガキや手紙で返事をいただいた方には、そのまた返事を書く。その返事は内容によって異なる。たとえば、便箋に私の講演の内容についての感想を詳しく書き、封書で送っていただいた方には、拙著をプレゼントするようにしている。届いた「気持ち」の倍返しをする「気持ち」で、「費用」と「手間」をかけて返事する。

名刺交換した翌日か翌々日に、先方からハガキが届くことがある。私のハガキと、空中で行き交い、お互いに同時に届いたわけだ。こういう方は、ぜひとも生涯にわたってお付き合いさせていただきたい方であり、早速、電話かメールで「またお目にかかりたい」とアポを取る。

よく「波長が合う」と言うが、筆者の場合は大好きなハガキや手紙を使って「波長が合う」人を探しているわけだ。きっと他にも方法があるのだろうが、20年続けてきて1番効率的で、（またまた野球にたとえるなら）打率が高いと体感しているのでこの方法を取っている。

出逢った大勢の人たちの中から、生涯の友となり得る1人を見出すのはたいへんだ。まずは「波長の合う」人を探すためのツールがハガキということになる。

この時点で、2軍（ただの知り合い）から、1軍（友人）に格上げされる。

言うまでもなく、格上げする努力は、こちらがイニシアチブを取るくらいの気持ちで能動的にアクションを起こさねばならない。

ステップ①でも述べたように、メールでも、ファックスや電話でもかまわない。名刺ホルダーにしまいこむ直前が、1番のチャンス。すぐに「アクセス！」しよう。この機会を逃すと、なかなか1軍に昇格することができなくなる。

なお、ここで大切なポイントがある。

ハガキにしろ、メールにしろ、返事をいただいた方の中で、2往復、3往復とやり取りが続いた場合には、その方の名刺を大型ホルダー(2軍)から普段使いの小型ホルダー(1軍)に移し変える作業をする。これが1つ、「名刺の棚卸し」と呼ぶ由縁である。

2軍の名刺と、1軍の名刺をごちゃまぜにしてはいけない。賞味期限切れの商品と、食べごろの商品を一緒の棚に並べてはいけないのと同じ理屈である。

「食べたいな」と思ったとき、手を伸ばしたら期限切れでは困るはず。ビジネスも同じである。「そういえば、あの人に訊けば新商品の販路を教えてくれそうだな」と思ったとき、つまり「いざ」というときに「使える人脈」ホルダーは別にしておかなければ活用できないのである。

ステップ③　名刺ホルダーの「名刺」を眠らせない

年に3、4回、ニュースレターを発行している。親しい友人、知人にのみ無料で送っている。こちらが勝手に送りつけているものだが、その内容は、何かしら相手にプラスになるような情報や知識を精一杯盛り込むようにしている。

さて、その発送の際に、送り先の名簿の整理をすることになる。出逢った当初は、「打てば響く」人だと思ってリストに加えたものの、その後、何度送っても返事がない場合には、リストからはずす場合がある。反対に、たった1度でも「ご恩」がある方は、返事の有無に関わりなく送り続ける。

ニュースレターを送る目的の1つ。それは、名刺ホルダーの「名刺」を眠らせないためである。常に、名刺ホルダーをチェックして、①「知り合い」(2軍)と②「友人」(1軍)の入れ替えをする。1軍に上がれば、ニュースレターを送る。送り続けても反応がなければ2軍に戻ることもある。

1軍の人たちにニュースレターを送り続けることで、心のパイプが太くなり、③「親友」(1軍レギュラー)あるいは④「無二の親友」(オールスター)へと関係が濃くなっていく。返事がくれば嬉しい。しかし、返事はなくてもいい。毎回、送り続けることに意義がある。それは反対の立場になってみると容易に理解できる。

やはり、毎月のように全国の友人・知人からニュースレター(個人新聞とも呼ぶ)が届く。失礼ながら、内容が面白いものもあれば、そうでないものもある。だが、手間暇と郵送料をかけて送ってくれることがありがたい。自分のことを覚えていて送付リストからはずさないでいてくれることが嬉しい。必ず返事をするようにはしているが、そのやり取りの中で信頼が育まれる。

ニュースレターというと、またまた面倒だと思う人がいるだろう。

そんな人には、ハガキサイズのニュースレターがおすすめだ。近況をハガキの片面に印刷する。家族などと一緒に撮った写真を載せてもいい。イメージとしては、年賀状のようなものを、毎月あるいは季節に1度出すのだ。


ここでまた1つのポイント。

ニュースレターを出す際に、名刺ホルダーを見ながらパソコンの住所録ソフト（筆者の場合は「筆まめ」）と、「発送先読者リスト」に「新しい読者」を入力する。すると、「発送先読者リスト」は、年に3、4回書き換えられることになる。小型の名刺ホルダーが「1軍」なら、その中からさらに「筆まめ」に入力するのは、「1軍レギュラー」と言えよう。

さらにまた、ニュースレターの「発送先読者リスト」に登録するのは、「オールスター」と言える。

この作業をコツコツと続けること。これが、「名刺の棚卸し」となる。

名刺は財産だ。その財産を蔵の中に入れておいても何にもならない。誰の名刺があるかも忘れてしまう。ときには「使おう」と思って探しても見つからない。ようやく見つかっても、カビが生えていて使えない。

今1度、柳生家の家訓。

「小才は、縁に出会って縁に気づかず。中才は、縁に気づいて縁を活かさず」

そうならないように、常に棚卸しをして風を通しておく必要がある。

以上のことを、ただただ愚直に繰り返す。ただ、それを繰り返すだけで人脈ができる。ちなみに、筆者の場合には徐々に範囲を広げて、全国約1300人の「友人」（1軍）以上の濃いお付き合いをしている人たちにニュースレターをお送りしている。

なお、メールマガジンではニュースレターの代わりにならないか、という質問をよく受ける。もちろん、相手にこちらからアクセスするという意味合いからすると同等だ。

しかし、名刺交換したばかりの人から断りもなくメールマガジンが送られてきたなんてことを、経験している人も多いだろう。そのメールマガジンをありがたく読んでいるだろうか。

内容はといえば、ほとんどが商品やセミナーの案内、つまり売り込みだったりする。

ひょっとすると、いたずらメールと同じように、自動削除のチェックをしてしまっている人も多いに違いない。

もちろん、紙媒体であるニュースレターにしても、必ず読んでくれているとは限らない。でも、紙は人の温かみと「わざわざ」という手間暇が伝わる。

やらないよりは、やったほうがマシではあるが、ニュースレターはメールマガジンとは比べものにならないほどの力があることを付記しておきたい。

眠った「名刺」からご縁が生まれる

前項では、「名刺」を眠らせないための工夫を述べた。しかし、ちょっと油断すると、名刺は眠ってしまうものだ。

あなたは、1年にどれだけの人と出逢うだろう。

100人としても名刺ホルダーには10年で1000人の名刺が貯まる。1000人なら10年で1万人ということになる。1人の人間が、とてもそんなに大勢の人たちと付き合うことはできない。

しかし、それでは悔しいではないか。欲ばりと言われるかもしれないが、せっかくご縁があったのだ。ひょっとすると、その中の１人が、自分の人生を変えてしまうほどの影響力を持っているかもしれない。

こう考えてみよう。10年間で１０００人の人と新しい出逢いがあったとする。１人の人と名刺交換をして、短いながらもなんらかの挨拶をして会話を交わしたはずだ。仮に、それが１人当たり3分だとすると、合計は３０００分。なんと50時間！（約２日分）だ。

もしも、それだけの名刺を眠らせてしまったら、50時間という貴重な時間を無駄にしたということになるのだ。それがもし、１万人なら５００時間で、約21日分!!

いや、まだ無駄になったわけではない。眠っているだけだ。ここでは、いったん眠ってしまった「名刺」たちを目覚めさせる方法を紹介しよう。

1. 名刺ホルダーをしまわず、常に手元に置いて雑誌のようにパラパラ見る

まず、これが大前提になる。名刺ホルダーを本棚や引き出しにしまってはいけない。手元、たとえば机の上で手を伸ばすとスッと掴める位置に置くことだ。

そして、暇があったら、気楽に雑誌をパラパラとめくるように眺める。仕事の最中に、

「ああ、疲れた」と背伸びの1つでもしたときに名刺ホルダーを手に取る。名刺ホルダーをめくると、「気になる」人が目につく。「ああ、もう1度会いたいなぁ」という人だ。そんな名刺に付箋を貼る。

もし、5分の時間があったら、その場で電話をする。メールを送る。もし、そこまでの時間がなければ、「気になる人」に全部付箋を貼っておき、後でアクセスする。「暇があったら」ではなく、できれば、「暇がなくても」1日1本は電話かメールをするのがいいだろう。

「気になる」人たちに次々とアポを取って、もう1度会うのだ。その「気になる」ことをほうっておいたら、せっかくのお宝の山も腐ってしまう。

「そんな〜、1年も前に、1度だけしか会っていない人に、突然電話できるわけがないでしょ」

という声が聞こえてきそうだ。そのとおりだろう。よほど、神経が図太くなければできない。また、相手も戸惑ってしまうに違いない。だいだい、電話をしてみたところで「どなた様ですか？」と訊かれるのがオチである。

そこで、期間を分けて分類し、相手へのアクセスの方法を変える。ここ1年くらいのうちに出逢った人なら、電話やメールでも大丈夫であろう。ただし、間が空いている場合には、こんな決まり文句を第一声にする。

「名刺の整理をしていましたら、○○でお目にかかったときに（あるいは○○さんの紹介でお目にかかったときに）頂戴したお名刺が目に留まりました。何かピーンとくるものがありまして、ついついお忙しいことを承知で電話をしてしまいました。もうずいぶん経ちましたが、そのときのあなたの笑顔が忘れられなくて」

「ピーンと来て」とか、「笑顔が忘れられない」などと言われて、嫌な気分になる人などいない。まずは、話を聴いてくれるはずだ。後は、その際の空気で、アポを取れるのなら早いうちに会うところまでもっていく。

問題なのは、1年以上も何もせずに名刺ホルダーに入れっぱなしにしておいた名刺の人たちだ。もし、誰か友人・知人の紹介で会った人なら、その紹介者に頼み込んでもう1度会うチャンスをつくってもらえばいい。しかし、それができるケースは稀であろう。

これには、2ステップ、3ステップの段取りが必要になる。

たとえば、このアイデア。「気になる人」たちに、一斉に手紙を送る。前に述べた「名刺の整理をしていましたら、○○でお目にかかったときに頂戴したお名刺が目に留まりました。何かピーンとくるものがありまして……」というような簡単な文面で十分。

ただし、そこに追伸として一文を添える。

「雑誌を読んでおりましたら、『これは面白い！』というビジネスのアイデアがコラムで掲載されていました。もうお読みになられていらっしゃいましたらごめんなさい。何かのお役に立つかもしれないと思い同封させていただきます」

そして、その雑誌のコラムのコピーを同封するのだ。

本当に「気になって会いたい人」なら、それを3回くらい繰り返す。そこまですれば、それに反応しない人はいない。「ありがとう」というメール1本は届くはずだ。それが、眠っていた名刺が目を覚ました瞬間である。そこまで来ればもう安心。メールでも、電話でもしてアポが取れる。

実は、ビジネスの参考になる雑誌のコピーを送るということの作戦の延長線上にあるのが、ニュースレターだ。紙面を仕事に特化すれば、呼び名は「ビジネスレター」となる。

わざわざ、ニュースレターを制作するとなると七面倒だという人も、雑誌や新聞の切抜きなら日常生活の中で誰でもやっているはず。それを「気になる人」にコピーして送るだけだ。感謝されるし、眠っていた名刺（ご縁）もよみがえる。

もっとも、名刺が眠らないように、名刺をホルダーにしまう前に、「気になる」人には、「もう1度会う」ためのアポを取ることだ。そのために、帰宅したら、すぐにメールか電話をして、「今日は、ありがとうございました。早々に、もう1度お目にかかりたいのですが」と言い、会う日を決めてしまうのだ。

昔から、言われていることがある。「そのうち、ランチでもしましょう」とか、「そのうちゴルフでもご一緒しませんか」の、「そのうち」とは、永久にやって来ないものと思ったほうがいいと。

笑い話ではない。これを読んで、身に覚えのある人も多いだろう。そうならないように、名刺ホルダーにしまう前に、昼間に口にした「そのうち」を現実のものとしてしまうのだ。

2.「会いたい人リスト」をつくる

私も、この付箋を貼る方法を実践しているが、あまりにも「気になる人」「もう1度会いたい人」が多すぎて付箋だらけになり、名刺ホルダー自体が使いにくくなってしまった。何度も手にしていると、はがれたり千切れたりしてしまう。

そこで、「会いたい人リスト」ノートというものをつくった。今日会って、「もう1度会いたいなぁ」と思ったら、名刺ホルダーに入れるのと同時に、「会いたい人リスト」ノートに書き込む。記入するのは、名前と電話番号だけだ。名刺のコピーを貼り付けることもある。

また、過去の名刺ホルダーをパラパラとめくっていて、「あっ、この人どうしてるかなぁ」と思ったとき、またまたノートに書き込む。

ノートは、目次を引くように、「名古屋（私の地元）」「東京」「京都」「大阪」「福岡」「その他の地域」と付箋（耳）が付けてあり、各地に出張する際には、該当地域のページを見て「会いたい人」にアポを取る。

「もう1度会いたい」と思って、いくら付箋を付けても、行動に移さなければ意味がない。会いたい人を一覧表にして、実際にもう1度会った人から消していく。すると、不思議に「もっと大勢会って、どんどん消したい」と思うようになる。どうぞお試しあれ。

3.「ついで」にアポを取る

手紙を書いたり、ふと思い出したりして、過去の名刺を探すことがある。そんなとき、その目的の人の、前後左右の名刺にも着目してみる。

「ああ、あのとき会った人だ。あれっきりになっていて残念だったなぁ」

そう思ったら、目的の人に1本電話をかけた後ですぐに、「ついで」に隣の名刺にも、電話してみる。別に用はなくてもかまわない。正直に、

「たまたま、別の方の名刺をホルダーで探していたら、その隣にあなたの名刺が目につきました。急に、お声が聴きたくなって……」

と、そのまま本当のことを喋ればいい。人とのお付き合いとは、そんなことから眠りを覚まして再び活火山になるものだ。眠った人脈は「ついで」で目覚めるものなのだ。


こんなことがあった。朝起きると友人から電話があり、急に上京することになった。午後3時半に秋葉原のカフェで、何人か集まって打ち合わせをするためだ（メイドカフェではありませんので念のため）。

だいたい月に1、2度くらいのペースで上京するが、ほとんどが日帰りである。貧乏性のせいか、「せっかく来たんだから」と、いつも「もう1人会えないだろうか」と考えてしまう。

ここで、「会いたい人リスト」ノートを開く。秋葉原というと、神田が近い。この分だと、早めの新幹線に乗れそうだ。ということで、以前、拙著の編集でお世話になった出版社の編集長に電話をした。

「いつも、いきなりでごめんなさい。ちょっとだけ、お茶しませんか」

これが、「ついでに会う」ということだ。「ついで」なんて失礼かもしれない。でも、「ついで」だから、気軽に会える。

「ちょっと、そこまで来たので寄りました」

「今、近くにいるんだけど、会えないかな」

ビジネスの世界では、アポを取るのが常識だが、電話の普及していなかった時代には、アポなし訪問は当たり前だった。お歳暮やお中元をお世話になった人に持って行くとき。会社の上司や得意先の人の自宅を訪ねるとき。特に、お正月の年始回りは、何も知らせずに伺うほうが普通だった。そして、

「今日は、他にも用事がありますので」

と言って、玄関先で挨拶だけしてサッと辞去する。それが相手に対する礼儀だった。

さて、話を戻そう。私は名古屋の繁華街から、30分くらい離れた住宅地に住んでいる。打ち合わせなどがあると、往復の時間だけで1時間もかかってしまう。

午後2時に、東京からのお客様と名古屋駅で面談の予定が入っていたときのことである。前日まで、締め切りに追われて仕事をしていたが、なんとか片付き時間に余裕ができた。そこで、その前に、

「ちょっと遅いけど、1時からランチをしませんか」

と、面談予定のホテルの近くの事務所にいる友人に電話を入れる。これもまた、「会いたい人リスト」ノートから、「名古屋駅方面」のページをめくって見つける。

ランチは誘いやすい。なぜなら、時間はともかく誰もが食べるからだ。アポなしでも、「食事をしながら」という名目で、会ってもらいやすい。

思わぬ展開もある。ご飯を食べながら、「これから3時に会う人は、こんな人でね」と話すと、「私も会いたいなぁ」と言われたりする。

そこで、そのまま、面談のホテルのラウンジまで一緒に行き、東京の知人を紹介する。ここでまた収穫あり。波長が合ったらしく、2人から、「良い人を紹介してもらえてありがとう」と感謝されてしまった。

仮にあなたが、運送会社の社長さんだとしよう。札幌まで荷物を運ぶ。行きは満載だが、帰りは空っぽ。それでは、いかにももったいない。

沖縄県は、昆布の消費量が多いと聞く。だが、沖縄で昆布は取れないという。江戸時代、琉球貿易をしていた日本の船が、沖縄の黒糖や、外国の産物を本州へ運んでいたのだが、沖縄へ船が向かうときには北海道の昆布を運んでいた。その名残が沖縄の食文化として根付いたのだと言われている。

近江商人も同じだった。山形へ染料となる紅花を仕入れに行く。行きは、京都の反物など都の物産を持っていく。

1人にだけ会うために出かけるのは、もったいない。「ついで」に誰かと会えないか。さらに、「ついで」に誰かと誰かを引き合わせられないか。

名刺ホルダーをサッサッとめくって、「会いたい人」に電話をする。「会いたい人リスト」ノートをつくっておけば、もっと簡単。「会いたい人リスト」ノートには、最近ご無沙汰している仲の良い友達を記入してもいい。すると、眠っていた人脈が目を覚ます。

最後に、本書の読者のみなさんへのプレゼントを1つ。今、目の前に、1番最近の名刺ホルダーを出してもらいたい。準備ができたら、今からその中で、「気になる人」「もう1度会いたい人」に電話をしてみてほしい。後ではなく、今すぐに。もし、「今」が深夜なら、その人に今すぐメールを打ってみてほしい。

そこから、きっと「何かが」生まれる。

1枚の名刺から、大きなビジネスが生まれることを、そして幸運を祈っている。

終章

「名刺」の威力を100%活用するにはオーラが必要だ！

志賀内泰弘

背伸びすると、背が伸びる

まだ30代前半の頃のことだった。

異業種交流会で、誰もが知る1部上場金融会社の社員と知り合いになった。彼は、筆者よりも3つ年下。しかし、年収は1.5倍。それだけではない。社外の人脈も広く、一サラリーマンでありながら、企業のトップや芸能人にも知り合いが何人もいて、年配の人たちに可愛がられていた。

そんな様子を見ていて、正直なところジェラシーを感じた。もちろん、自分の努力の足りなさを棚に上げてのことである。

ある日、ちょっとアルコールも入っていたせいか、そんな気持ちを「やっかみ」として口に出してしまった。「しまった」と思い、相手の顔色を見ると平然として微笑んでいる。そして、こんな話をしてくれた。

実は彼も、長い間、コンプレックスの塊だったのだという。たしかに、一般社会の人から見れば、エリートコースのように見える。しかし、同期の数だけでも200人いる。その中には、東大や京大卒などザラ。すでに入社した時点で差がついているのだという。

スタートから幹部候補として扱われている「超エリート」に対して、2番手グループであることがわかっている。

「わかりますか？　さあ、これから始まるというときに、もうトップにはなれないという気持ちが……」

と、ほろ酔いながらも真顔で言われた。だが、彼は、そのことをバネにして生きてきたのだという。それが、少しずつ背伸びをして生きるということだった。「今の自分を、ちょっとだけ人に大きく見せよう」としたのだという。

それだけ聞くと、「なんだ、中身がないのに、見せかけを良くしようというのか」と思いがちだ。だが、そうではなかった。「ちょっとだけ背伸び」をする。たとえば、自分の年齢ではなかなか行けないような高級レストランに行く。普通は、物怖じしてしまいそうな有名な会社の社長の講演を聴く機会があったら、臆することなく控室に押しかけて、「名刺交換させてください！」とお願いする。

つまり、今の自分には似合わないもの、今の自分とは釣り合わない人と、背伸びをしてでも自分を合わせようとしたのだという。

1センチだけ、背伸びをする。無理して背伸びをすると、爪先がブルブルと震える。しかし、不思議なことに、背伸びをしているうちに足の筋肉が鍛えられて、震えなくなるのだという。しばらくして、また1センチだけ背伸びをする。また、ブルブル震える。その繰り返しのうち、知らぬ間に身長が伸びてきたというのだ。もちろん、ここで言う身長とは、背丈のことではなく、仕事のスキルや人格のことを指すのは言うまでもない。

さて、名刺の話である。

名刺は、人の顔だ。人はその顔を良く見せようとする。女性だけでなく、男性もそのためにお化粧をする。お化粧とは、「化ける」「装う」ことだ。素顔の本当の自分とは違う。しかし、お化粧をすると、人は心まで変わる。

ある化粧品会社では、ボランティアで老人ホームのお年寄りにお化粧をして差し上げる活動をしている。80歳の女性の唇に、真っ赤なルージュをひく。鏡を見せると、パッと顔色が赤くなり、笑顔になるという。それだけではなく、健康状態まで良くなるというのだ。

ボロは着てても心は錦。たしかに、人間は中身が大切だ。中身のない人間が、いくら見てくれだけ着飾っても仕方がない。しかし、外見を着飾ることで、「これじゃダメだ。もっと頑張ろう！」という気持ちになれる。

誰もが、人には良く見せたいものだ。名刺をつくるとき、自分をアピールしたがる。キレイに立派に見せようとする。大いに結構。問題はその先。その名刺に追いつけ、追い越せという勢いで人生を駆け上がる努力をすることである。

「小事が大事」――名刺がすべてを物語る

名刺づくりについて、さまざまな角度から「こだわる」ことをすすめてきた。なかには、「そんな細かいことを考えている暇があったら、1件でもセールスに回ったほうがいい」とおっしゃる人もいるだろう。しかし、あえて反論したい。

昔から、「小事は大事」という。大事を成し遂げるには、いきなり頂上には行けない。「なんだ、そんなことか」というような、毎日の小さなことの積み重ねがあってこそ、大事を達成できるのだ。たしかに、名刺はわずか、小さな紙切れに過ぎない。だが、ここに、どれだけ自分の思いを込められるかが勝負である。

名刺1枚に「こだわる」人は、会社の中の稟議書1枚、お客様に提出する見積書や企画書1枚にも「こだわる」。名刺の、名前の大きさ、フォント、紙質、色……、そんな小さいことに「こだわる」人は、他の仕事でも小事をおざなりにはしないものだ。

たとえば、挨拶。もし、あなたが社長だったとしよう。会社に出勤すると、入り口のところで社員が「おはようございます」と言ってくれる。本当にそれでいいのか。別に、社長だからといって、社員よりも先に「おはよう」と言ってもいいはずだ。

そのとき、どんな顔をして「おはよう」と言っているだろうか。ちょっとトイレに立ち寄って自分の顔を眺めてみる。家を出るとき、笑顔の練習をしてみる。きっと、こちらから先に笑顔で、「おはよう」と言ったら、社員も喜んで今日1日働いてくれるかもしれない。「まあいいか、そんなささいなこと」と思えば、すべてが終わる。お客様への言葉遣い、アフターサービス、商品の梱包……。仕事には「ここまででいい」ということは1つもない。

1枚の名刺を笑うものは、1枚の名刺に泣く。

名刺にとことん「こだわる」ことで、すべての仕事に「こだわる」足がかりにしよう。

オーラがあって、初めて名刺が輝き出す

本書では、プロフェッショナルな視点から「じわじわ稼ぐ名刺」づくりの方法をレク

チャーしてきた。今、ここに、あなたのベストな名刺ができあがったとしよう。その名刺を持って営業や異業種交流会に出かける。

しかし、あなたの態度によって、その名刺は輝きもするし、くすんで見えたりもする。

たとえば、なかなか受注を増やしてくれない得意先があるとしよう。前任者から、「あの会社は社長が小難しい人で、なかなか会ってもくれないいんだ」と聞いていたとしたら、それだけで先入観から足を向けるのが嫌になる。もし、仮に社長が会ってくれたとしても、「何を言われるか」とドキドキしてしまう。そんな気持ちで、「初めまして……」と社長に名刺を差し出しても、軽くいなされてしまう。

何があっても動じない。難しければ難しいほど燃える。壁は高ければ高いほど登るのがワクワクする。そういう心構えで仕事に取り組んでいる人は、自信を持って名刺を差し出す。同じ名刺でも、そこにはオーラが発せられる。たかが紙ではあるが、名刺とは「あなた自身」なのだ。元気ハツラツで、満面の笑顔で人と会えば、名刺も明るい印象になる。

では、どうしたらオーラが出せるのか。ズバリ、内面を磨くことである。

多くの人と会い、多くの人から自分に足りないものを学ぶ。常に、我が身を振り返り、至らぬ点に「気づく」。読書は当然として、旅行、映画、食事などを通じて、1つ上、2つ上を目指した自己投資を行うことだ。その積み重ねが、やがて自信となりオーラとなる。

武者修行するのもいいだろう。

1年間に3000人の人と名刺交換をすると決める。1日8人強だ。普通に生活していては、そんなに大勢の人とは会えない。そこで、異業種交流会に出まくる。いわゆる「名刺コレクター」に陥り、「俺はこんなに大勢の人と知り合いなんだ」と、勘違いして奢ってしまうかもしれない。

それでもいい。それは、誰もが通る通過点だから。

大勢と会えば、「大切なこと」がわかる。どんな「大切なこと」がわかるのか、本当は「答え」を言わないほうがいい。人は、自分で体験したことしか身につかないからだ。しかし、ここでは特別に伝えよう。それは、「人間みんな同じ」ということだ。これには、意味が2つある。

1つは、異業種交流会などに参加する人は、何かを求めてくるということだ。その目的の多くは、「自分の商品を売りたい」ということ。稀に、100％自己啓発が目的で、自分の心を磨くためという人もいるが、これは例外と考えてもいい。

つまり、「欲」で参加しているわけだ。会で出逢った人に自分の商品を買ってもらいたい。顧客になる人を探しに参加しているのだ。そこで気づく。「ああ、みんな自分と同じ穴のムジナだった」と。世の中の人は、みんな「欲」で動いていることを悟る。

もう1つは、どんなに社会的に地位のある人でも、肩書きを取ったら同じ人間だということだ。みんな1日に3度の食事をし、排便をして、夜になると眠る。

そして、どんなに偉い人でも、最初からデキル人間ではなかったこともわかる。成功した人は、誰もが苦労を体験している。大勢の人に会うと、それが理解できるようになる。すると、自分が抱えていたコンプレックスも軽くなる。そして、

「ああ、みんな一緒だ！」

「みんなカボチャかジャガイモだ」

ということがわかってくる。これは、少なくとも1000人単位の人と会わないと体感できない。理屈ではなく、肌で感じるものなのだ。

自分を磨こう！　そして、オーラを出そう!!　すると、こだわりぬいてつくった名刺も断然生きてくる。

◆巻末付録◆　名刺印刷の基礎知識

岡田政広

これだけは覚えておこう
——紙の質編

まずは、写真をご覧いただきたい。これは、紙のカタログである。

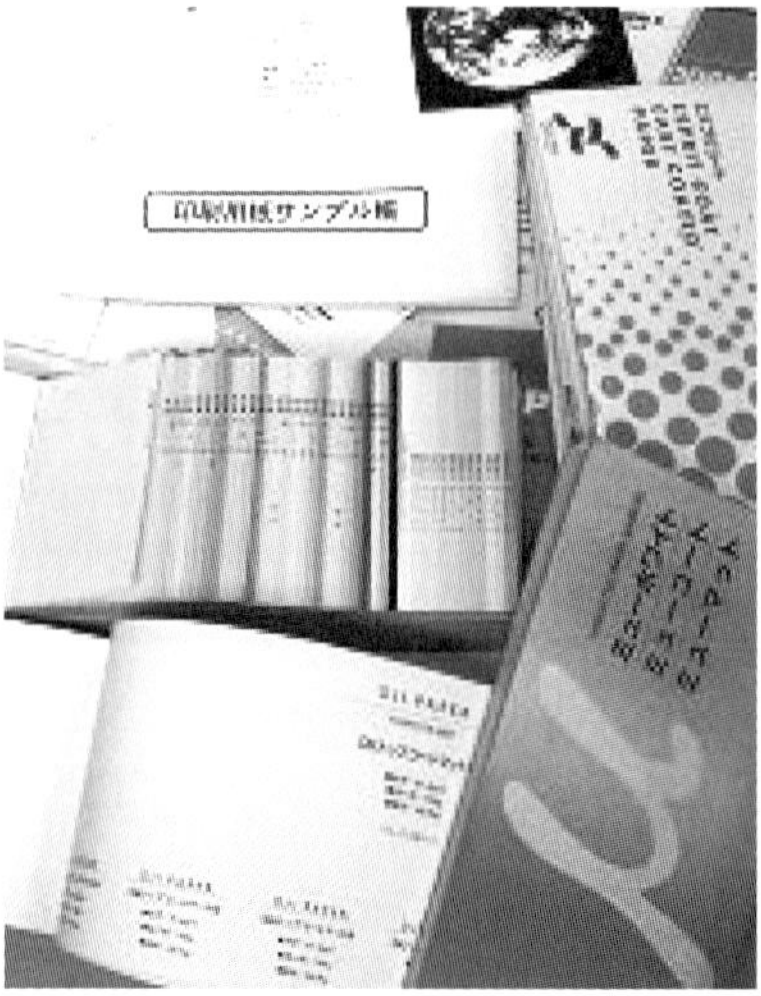

紙の種類は、たいへん多い。印刷業を営む当社の手元にあるものだけでも、１０００種類ほど。名刺をつくるために、そんなに多くのカタログを差し出されたとしても、どの紙が自分の名刺に合っているのかまったくわからないはずである。

そんな読者のみなさんのために、ここでは名刺に適した代表的な紙をいくつか紹介しよう。

1.「ケント紙」…文字がくっきり表現できて、サインペンなどでもにじみにくく厚みがあって質感がしっかりしている。

消しゴムをかけても毛羽立ちにくいので製図用に使われる。表裏ははっきりしている。

2.「上質紙」…コピー用紙や書籍に使われて

いる。薄いもので書籍やコピー用紙などに使われる。名刺に使う際には少し厚めのものを使う。表面をコーティングしてないため文字を書く際には滑らかである。

3.「コート紙」…表面がツルツルしていて、グラフィック系の印刷物によく使われる。写真を際だたせたい方におすすめ。上質紙同様名刺には少し厚めのものを使う。

4.「マットコート紙」…コート紙の表面に、光の反射を押さえるためにコーティングした紙。コート紙のテカリ感を押さえ、しっとりとした落ち着いた感じで高級感がある。

5.「色上質」…基本的に上質紙なので、文字の印刷に向いている。紙の色があるので写真には向かないが単色のイラストであれば問題ない。筆者の志賀内はこの紙を使っている。

6.「和紙系」…一般の紙よりもかなり高価で高級感を演出するには1番。習字で使う薄い和紙にはそのまま印刷できない。コシがあり、表面加工をした和紙を印刷には使用する。

7.「プラスチックカード」…透明な上に片面だけ印刷する。紙に代わる素材としてはユニークだが、そのままでは見にくい。名刺と同じサイズに切った白い紙を一緒に渡し、下に敷いて見てもらうとクッキリする。名刺交換の際にはこれだけで会話がはずむ。

8.「再生紙」…「環境のことを考えて再生紙を使用しております」と名刺に書いてある文字をよく見かける。環境にやさしい企業であることをアピールするために、再生紙を使う企業は多い。通常の配合率は20～30％程度だが、多少色の変化があるのでコーポレートカラーを使っている会社が、名刺を再生紙に変更する場合は注意が必要。

ファーストコンタクトで自分が相手に「何を伝えたいか」で紙も変わってくる。その内容によって3つのタイプに分けてみた。

A.「写真入りの名刺」をつくりたいのであれば、コート系の写真の映える紙を使う。ただし写真が映える表面加工をしてあるのは片面だけなので、裏は文章にするのが望ましい。

B.「カラーのイラスト」で商品や自分の似顔絵をPRしたいのであれば、コート紙よりも落ち着いて見えるマットコート紙が適している。

C.「文字主体」でアピールしたいのなら、印刷がくっきりと出るケント紙がベストである。

コート系の紙には、ボールペンや万年筆で文字が書きにくい。名刺を受け取った相手のことを考えると、出逢った日付を記入する人も多いだろう。その観点からするとコート紙はおすすめできない。

プラスチックカードも、もちろん書き込むことができないが、それ以上に紙の名刺に比べてコストがかかるので、あちらこちらで宣伝のために配りまくる名刺としては不向きである。

自分がどういう名刺を持ちたいのか、少しでもいい名刺にするためにも、紙からこだわってもらいたいと思う。

これだけは覚えておこう
――紙の色編

手元にある名刺ホルダーを開き、それぞれの名刺の余白部分に目をやっていただきたい。紙の色は「白」が基本だが、よくよく見ると薄く

「ベージュ」がかったものもかなりあることに気がつくことだろう。

印刷はインクの掛け合わせで色が決まる。そのとき、「白」の上に色が乗る場合と、「ベージュ」の上に色が乗る場合で仕上がりが微妙に違ってくる。

しかも、その「白」も「スーパーホワイト」と言われるような真っ白もあれば、「オフホワイト」と呼ばれるような少し灰色がかった白もある。メーカーによっては「プレミアムホワイト」や「バカスホワイト」「ホワイトプリンス」など、一口に「白」と言っても、たくさんありすぎて簡単に選べるものではない。

「再生紙」の項目でも述べたが、コーポレートカラーを使っている企業は紙によって色合いがかなり変わってくるので注意が必要である。

紙の色は好みもあるが、「真っ白は落ち着かないから好きじゃない」と言う人もいれば、ベージュ系は写真の色が変わるからイヤだと言う人もいる。たしかに顔写真を載せる場合、ベージュと白とでは顔色がまったく違ってくる。

以前、筆者自身の名刺をつくる際、ベージュ系の紙に印刷をしたら、顔の赤みが増して酔っぱらっているように見えてしまった。それでもあえて、次の2つの理由からベージュの紙を使うことをおすすめしたい。

1．真っ白の紙の場合、どちらかというと冷たいイメージを相手に与えやすい。人はベージュ系の色に暖かみがあるように感じる。感覚的なものではあるが、真っ白の紙よりベージュのほうが落ち着いて見える。

2．写真を入れた名刺の場合、真っ白な紙は顔色が青白く見えることがある。仮に、酔っぱらっていると思われるくらいでも、顔色に赤みが入っていたほうが健康的に見えるもの。万が一、あまりにも赤みが強すぎるようであれば、「もう少し赤みを押さえてほしい」と印刷会社にお願いすれば、次回以降デザイナーが加工処理をして直してくれる。

これらは、あくまでも名刺に一般的に使用される代表的な例であることを付記しておきたい。印刷業界の基本的な知識を身につけておくと、印刷屋さんと相談するとき、相手の言葉が理解できるだけでなく、より深くこちらの意向を伝えることができるだろう。

これだけは覚えておこう
――フォント編

フォントとは「書体」のこと。一般の人がパソコンで文字を打つときに使うフォントは、多くの場合、明朝体かゴシック体のどちらかだ。ビジネス文書では、まず他のフォントは使用しないと言ってもいい。個人の手紙を書く場合には楷書体、案内文を書くような場合にはPOP体を使うこともあるだろうが、使用頻度からすると稀である。今、使用しているパソコンの中にも、たくさんのフォントが入っているはずだ。筆者のパソコンにインストールされているフォントを数えてみたら250ほどの種類があった。

しかし、それはほんの1部である。世の中にはフォントの数はそれこそ星の数ほど存在する。もちろん日本語だけではない。アルファベットのフォントもある。それだけフォントの開発をしている企業があるわけで、当然、開発費がかかっているのでタダではない。

「書体」は、デザインだ。イラストと同じ。もっと言えば、タレントの写真と同じように使用するには権利の許諾を要する。しかし、我々は1つのパッケージ化されたソフトを使用しているので、つい無料だと錯覚してしまっているだけなのである。

プロのデザイナーは、イラストと同じように無料でダウンロードできるフリーフォントもあるが、ほとんどの場合が大手印刷会社やフォント会社が開発したフォントを有料で手に入れてデザインしている。

ここに、代表的な1部のフォントを掲げておくので、後ページの説明の参考にしていただきたい。

広告物をつくるとき、その内容にあったフォントを使うことが重要になる。名刺は広告だと言った。小さな小さな広告媒体だからこそ、こだわる必要がある。

お相撲さんの名前が「細丸ゴシック」で書かれていたら、誰もが違和感を感じるに違いない（サンプル表をご覧ください）。パッと見れば歴然とする。同様にジェームス・ボンドとかポール・マッカートニーといったカタカナの名前が、「京劇体」や「勘亭流」で書かれていたらイメージに合わない。

以前、POPフォントをあちこちにちりばめた手づくりの名刺をもらったことがある。それは、中小企業の社長の名刺だった。「代表取締役社長」という文字まで、POPフォントになっ

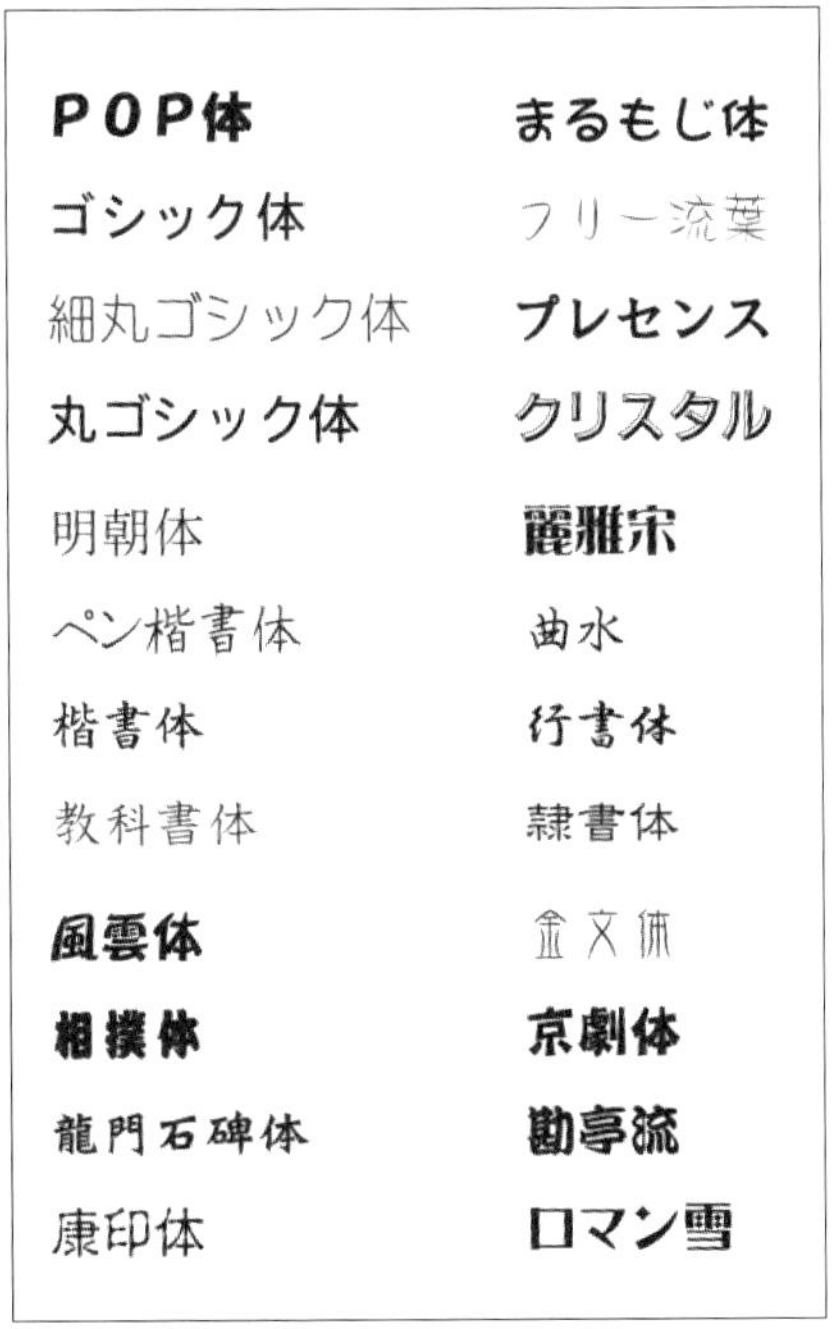

POP体	まるもじ体
ゴシック体	フリー流葉
細丸ゴシック体	プレセンス
丸ゴシック体	クリスタル
明朝体	麗雅宋
ペン楷書体	曲水
楷書体	行書体
教科書体	隷書体
風雲体	金文体
相撲体	京劇体
龍門石碑体	勘亭流
康印体	ロマン雪

フォントサンプル

ていた。遊び心があるように感じる人もいるかもしれない。しかし、その人格までもが軽く感じられてしまった。かといって、すべてが「明朝体」や「ゴシック体」だけでつくられた名刺はメリハリがない。

一般的にチラシやパンフレットなどの印刷物で、1種類のフォントしか使わないということはありえない。それは名刺も同じである。

デザイナーは、その商品のイメージにあったフォントを上手に使うことを熟知している。商品が高級感を求めるものなのか、力強さを求めるものなのか、ウキウキする感覚を表現したいものなのか、依頼主の求めるものによって使うフォントが変わる。

名刺における商品とは、「人」である。その「人」の価値をフォントが表すと言っても過言ではない。

ここで、あなたに合うフォントはどんなフォントか、具体例を挙げながらみていきたい。

1. 宝石店の場合

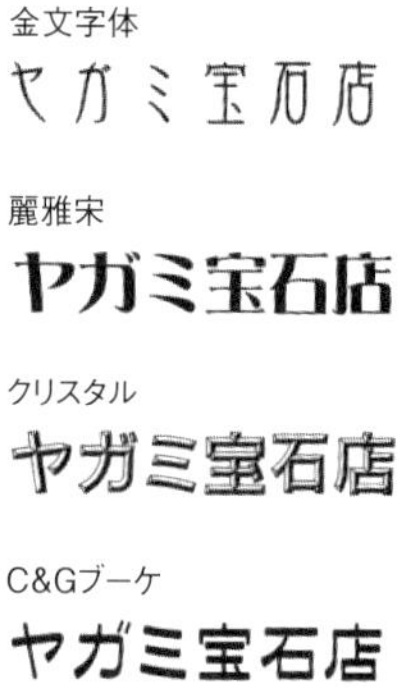

宝石店の場合、高級感を醸し出してくれるフォントを使うことが望ましい。「金文字体」は黒をバックに金色で書かれることが多い。「麗雅宋」は大正ロマン風で、明治大正よりの歴史を感じさせる書体だ。「クリスタル」は水晶をイメージした書体なので、宝石店のどこかで必ず目にする。あまり重厚にすることを好ましくないと思う宝石店では、「C&Gブーケ」も使われている。主に若い人向きの商品を置く店に多い。同じ貴金属を扱う店でも、その価格帯や顧客層によってフォントを微妙に使い分ける必要がある。これこそ、アマチュアでは不可能な仕事だ。

2. 相撲取り

相撲体
貴乃花

極太楷書体
貴乃花

寄席文字
貴乃花

勘亭流
貴乃花

名は体を表すと言うとおり、相撲取りの場合は筆で書いた太くてがっちりした「相撲体」が使われる。ただ「角ゴシック」のように角張った文字が使われることはない。

「極太楷書体」との違いを見ると、「相撲体」がいかに太くてしっかりしているかがよくわかる。落語家が寄席で使う「寄席文字」も一見同じように見えるが、ハネや筆遣いが「相撲体」よりも細かい。「江戸文字」には「勘亭流」がよく使われるが、相撲で使われることはない。

あなた自身の体型や性格も、フォントで表すことができる。どっしりとした体型の人が「相撲体」で名前を書いていたら、名刺を受け取った相手はより一層印象強く受け止めてくれるだろう。

3. 戦場カメラマン

ゴシックE
戦場カメラマン

MS 明朝
戦場カメラマン

楷書体
戦場カメラマン

細丸ゴシック
戦場カメラマン

戦場カメラマンという横文字の職業の場合、がっちりとしたほうがいいので、自ずとゴシック系に目がいく。これが「MS明朝」や「楷書体」では、字が細いのでいささか心もとない。ゴシック系でも「細丸ゴシック」を使うと女性っぽくなりイメージにそぐわない。

男女を意識したり、職種のイメージとの兼ね合いも考えてフォントを選びたい。

[著者略歴]

志賀内泰弘（しがない・やすひろ）

大学卒業後、24年間某金融機関に勤務の後、独立。経営コンサルタント、飲食店プロデューサー、コラムニスト、俳人、ボランティア活動など幅広く活躍。

「一つの出逢いが人生を変える」をモットーに「志賀内人脈塾」を主宰し、人のご縁の大切さを説き、後進の育成につとめる。また、「プチ紳士・プチ淑女を探せ!」運動代表として、思いやりでいっぱいの世の中をつくろうと「いい人」「いい話」を求め全国を東奔西走中。


【講演活動】上場企業を始めとして各種経営者団体、異業種交流会、小学校から大学院にまで及ぶ。

【著書】『なぜ「そうじ」をすると人生が変わるのか?』（ダイヤモンド社）、『なぜ、あの人の周りに人が集まるのか?』『毎日が楽しくなる17の物語』（共にPHP研究所）、高野登氏との共著『「また、あなたと仕事したい!」と言われる人の習慣』（青春出版社）、『タテ型人脈のすすめ』ソフトバンククリエイティブほか多数。

◎プチ紳士・プチ淑女を探せ! 運動「いい話の広場」：http://www.giveandgive.com/

岡田政広（おかだ・まさひろ）

大学卒業後、印刷会社勤務を経て独立。広告、印刷、パソコンに関わる業務の有限会社P&Tを設立。2006年2月から7年間350回以上にわたり読売新聞WEBサイトにて「パソコンのつぶやき」を連載。難解なパソコン用語をわかりやすく解説するとともに、ネット上のトラブルを一発で解決することから「パソコンの伝道師」として新聞・雑誌等で紹介される。

「こだわり」名刺を1000社以上に指導・作成し、いずれも売上アップ、ブランディングに効果を上げている。


名刺コンサルタント　販売促進名刺協会理事
演題「1枚の名刺が人生を変える」で多方面にて講演。

特に経営コンサルタント向けのセミナーでは「名刺をマーケティングに取り入れたい」という声が続出。

企業者向けの人間力を高めるために設立された「かちがわ大學」では事務局長も務める。

エンドユーザーとシステムエンジニアを繋ぐ国家資格・初級システムアドミニストレーター。

◎連絡先：info@pandt.jp

じわじわ稼ぐ名刺
やがて仕事につながるご縁が育つ

2013年6月4日　第1刷発行

著　者　志賀内泰弘、岡田政広
発行者　長坂嘉昭
発行所　株式会社プレジデント社
東京都千代田区平河町2-16-1
平河町森タワー13階（〒102-8641）
http//www.president.co.jp/
電話　編集（03)3237-3732
販売（03)3237-3731

企画・編集　有限会社アトミック、藤代勇人
装丁・DTP　仲光寛城（ナカミツデザイン）
印刷・製本　中央精版印刷株式会社

ISBN978-4-8334-2051-8
Printed in Japan